渡部昇一

渡部昇一 一日一言

知を磨き、運命を高める

致知出版社

まえがき

日本語には「面映《おもは》ゆい」という言葉がある。久しぶりで私はその体験をすることになった。それは致知出版社の藤尾秀昭社長が同社の「一日一言」シリーズに私のものを容れて下さると聞いた時である。このシリーズに今まで登場されているのは吉田松陰とか安岡正篤とか私自身が「偉い人」と尊敬している人たちだけだからである。

しかし折角の御提案なので「面映ゆい」ながら同意させていただいた。この本の内容を成しているのは、致知出版社の若い人たちが私の旧著から拾ってくれたものであるという。だからこの本の編集には私は一切かかわらず、同社の若い社員たちの選択眼にお任せしたわけである。

原稿を読んでみると、私が若い時に本を読んだ時に感銘した言葉が多い。この本がそれを若い世代に伝える一助ともなってくれれば嬉しいと思う。その中でも「運」に関するものが少なくないが、それは私自身、若い頃から「運」という不思議なものについて考えることが多かったからであろう。「運」などというものは学校では教科に入らない。しかし実生活においては常に直面することである。この本を読まれる方も、運について考えざるをえないことも多いであろう。参考にしていただければ幸いである。

「運」に限らず、私の述べたことは、凡人が凡人として人なみ以上の幸せに至る道を求めたものである。私は今年八十六歳になるが、ここに択んでいただいた言葉について、一つとして今になって取り消したいものはなかった。そのことを嬉しく思っている。

この企画を出して下さった藤尾社長に感謝すると共に、その選択に当って下さった同社の柳澤まり子副社長はじめ若い社員の方々、特に原稿をまとめて下さった小森俊司氏に御礼申し上げます。

この小著が読者の方々に幸運をもたらすきっかけになることを祈りつつ。

平成二十八年四月吉日

渡部昇一

装　　幀――川上成夫
カバー写真――村越　元
本文写真――坂本泰士
編集協力――柏木孝之

1月

昭和 12 年、鶴岡市立朝陽第一小学校入学

1日 元気と愉快

元気と愉快というのは、人生においてきわめて重要である。仕事はとにかく常に元気で愉快にやる。その気分が重要だということをわれわれは意識すべきだと思う。ジュリアス・シーザーの特色はいつも上機嫌だったことだそうだ。

2日 安心立命

一つの宗教に凝り固まるというのではなく、自分の良心に応じてやるべきことをやる。そして、やることをやれば、あとの結果は天に預けてしまう。たとえ結果が悪くても、仕方ないとあきらめる。そこに「安心立命」がある。

3日　客観的な生き方

「自立自存」にしろ「独立自尊」にしろ、これは悪くいえば、わがまま勝手に生きていけ、ということである。しかし、人間は自分一人で、すなわち主観だけで生きていけるものではない。主観的な生き方があると同時に、自分が生かされている社会や国家のことを常に考えるべきである。

4日　上達、下達

上達しているか、下達しているか、これは人間の生き方の大きな分岐点になる。人間は同じところに留まっていることはなく、上に進んでいるか、下に向かっているかのどちらかなのであることを忘れてはならない。向上か、堕落か、毎日がその選択にせまられているといってよいのだ。

5日 本音と建前

いくら誠実さを装っても、人にはかならず本音と建前がある。まずは、このことを大前提と考えなければなるまい。そのうえで言うならば、自分の心の本音と建前を見極めることこそ、誠実に生きることにつながると言える。建前と本音を分ける、自分に対する正直さを持つと言ったほうが、わかりやすいだろうか。自分に誠実であるということは、人にも誠実であるということだ。

6日 ホンネに忠実であれ

アメリカの代表的な心理学者マズローの考えには、私はアメリカ在住時代から大きな影響を与えられましたが、彼の言葉に、

「どうすべきか迷っている時は、ホンネに忠実であれ」

というものがあります。

この言葉で思い出すのが、シェークスピアが『ハムレット』の中で、老侍従長ポローニアスに語らせた次の言葉です。

「最後に、最も大切なる訓《おしえ》……己に対して忠実なれ、さすれば夜の昼に継ぐが如く、他人に対しても忠実ならん」（坪内逍遥訳）

7日 神仏に頼らない

宮本武蔵は吉岡一門と何度か戦っているが、最後の決闘場所に向かうときの有名な話がある。最初に戦ったときは遅く行って勝ったので、今度は早く行ってやろうと考えた。

すると決闘場所に行く途中に八幡神社があったので、武蔵はそこで勝利を祈ろうと思ってハッとする。勝ちを祈るようではだめなのだ、と。そして「神仏は尊ぶべし、頼むべからず」といって、神頼みを一切なくして必勝の手を考える。そして勝つのである。

8日 必勝の信念

必勝の信念は初めからあるものではない。ありとあらゆる準備をして、もうこれしかないとなったときに、それが結果的に必勝の信念になるのである。

9日 露伴の幸福三説 ①惜福

幸運になるためには幸運だと信じる心が前提ですが、そのほかに技術として、幸田露伴は三つのことを挙げています。

一つは福を惜しむということです。「惜福」です。この福は「運」と読み換えて「惜運」と言ってもいいと思います。これは、何かいいことがあったら、いいことを一度に使い尽くさないで、それを大切にするという気持ちです。

10日 露伴の幸福三説 ②分福

次に露伴は「分福」ということを言っています。分福とは、自分にいいことがあったら、多少「お福分け」「お裾分け」をやるような精神です。

まんじゅうがあれば分けて食べ、いい酒があったら友達と一緒に飲む。そういう心がけが分福です。

11日 露伴の幸福三説 ③植福

最後に、植福です。惜福にしろ、分福にしろ、今、生きている人の話です。ところが、植福は今生きている人がいなくなった将来の話です。

たとえば、ここに大変いい実のなる柿の木があったとします。それをすぐ食べてしまわないで、残りは干し柿にして少しずつ食べる。あるいは自分だけで食べないで、みんなに分ける。これは惜福、分福です。

ところが、子孫のために柿の木を植えようという人は、自分がその恩恵に与かることは絶対にないことがわかっていてやるわけです。これが植福の精神です。

12日 天を意識する

「天」を意識することで生まれるような「自信」があるのとないのとでは、やはり危機に対する反応が違ってくるはずですし、ひょっとすると起こる現象そのものが違ってしまうかもしれない。そういうふうに信じてもいいのではないかと思います。私は、本当の自信は思わざる幸運を引き寄せる力があるという感じがしているのです。

13日 金持ち喧嘩せず

「金持ち喧嘩せず」というのは、少しからかわれたくらいでは動じないプライドを持っているからだ。自分が軽蔑されているはずがないという自信があるから、ちょっとのことで腹を立てたりしない。お金持ちに限らず、本当に自信のある人ほど謙虚で、自信のない人ほどエゴが強いということは、人間に普遍的なことのように思う。

14日 臆病な理由

引け目があると人間は臆病になります。だから、引け目のないような人間になっていることが重要なのです。なぜ自分がこんなにびくびくしているのかと考えて、その理由がわかったら、それが特に道徳的な理由にもとづく時は、いち早くそれを除去しなければならない。多くの人たちが臆病な理由は、本当は悪いことをしているからだという場合もかなり多いのです。

15日 成長の一里塚

幕末第一の人物といわれた福井藩の橋本左内《さない》は、「稚心を去れ」という言葉をモットーにしていたとのことである。これはつまり、「成長のための苦痛を怖れるな」ということである。子供は家の中にいて母や祖母に甘えておれば天下泰平であろう。しかし、その子供が成長するためには、近所の子供の中に出て行かなければならない。いじめられたり、打たれたり、意地悪されたりするかもしれないが、ともかく出ていかねばならぬ。成長とはそうしたものなのである。

16日 青年の気迫

「上着をとられたら下着を渡せ。右の頬を殴られたら左をも出せ」という考え方は、きわめて人生経験に富み謙遜な心を身につけた人にとっては貴重な教えかもしれませんが、ある国の青年たちが皆その教えに従ったら、その国は成り立ちません。泥棒はし放題になってしまうし、侮辱された時に立ち上がる気迫もないような青年ばかりできたら、これは困ったことです。法律の正義も正当防衛も消えてしまいます。

17日 商業と道徳

商業と道徳は相容れないものなのだと考えてはいけない。人として立派になるように努力する姿勢が仕事上の成果を導く。商業と道徳は深くつながっているものである。これは洋の東西を問わず、仕事で成功しようと考える人にとっての真理であるといっていいようである。

18日 稼ぎ、貯め、寄付せよ

ロックフェラーといえば金持ちの代名詞になっているような大富豪だが、彼にはモットーがあった。それは、

「うんと稼ぎ、うんと貯め、うんと寄付せよ」

という言葉で表現される。

これが彼の一生を貫いたモットーであったから、ロックフェラーは、月給が二十五円のころから月々キチンと貯金をし、それと同時に毎週二銭ずつ教会に寄付することを忘れなかった。

19日 男は鉄、女は黄金

私は常々、「男は鉄のごとし。女は黄金《こがね》のごとし」と言っている。男性は放っておくと周りに流され、ついぐうたらになって錆びてしまうこともあるが、ひとたび鍛えはじめると、強靭な鋼《はがね》になる可能性を秘めている。そして「鋭利兜《かぶと》を断つ」という日本刀にもなる。これに対して女性は黄金のようなもので、鉄とは違って放っておいても錆びることはないけれども、鍛え方によって、鉄が鋼になるような劇的な差が出るものではない。

20日 男の歩み

私の体験からも言えるが、男というのは、いろんな面で、非常にゆっくり成長するものだ。だから、同じ年頃で、女の子の方が利口だったり世間知があるからといって、劣等感を持つ必要はまったくない。男は、仕事にもまれたりしているうちに、ゆっくりだけど着実に伸び続ける。男盛りと言って五十歳前後になってから、やっと男としての張りが出る。

21日 マンネリ

商売をする人にしても、やはり一生懸命やっているうちにひらめきが出てくるのではないでしょうか。ただし、そこで注意を払う必要があるのは、同じ努力でもマンネリの努力とマンネリでない努力があるという点です。一生懸命にやっているとマンネリになりやすいのですが、マンネリになってしまうと、ひらめき、思いつきは出てきません。だから、マンネリにならない工夫が必要でしょう。たとえば、「もっといいものはないか」という意欲がマンネリにならない一つのカギを握っているようにも思います。

22日 ひらめき

多くの人は、「あっ」と思いついたことがあっても、それをすぐに忘れてしまう。しかし、実はそのピカッと一瞬光ったものの中に、生きるうえで大切な示唆が潜んでいることがある。

だから、それを忘れないように、すぐにメモしておく。決して「くだらない思いつきだ」とは思わないで、「このひらめきの中には、何か大切なヒントが隠れているのではないか」と考える習慣を身につけるようにすると、人生が変わってくる。

23日 日本人の偉業①

白人は別格だと、有色人種が迷信のように思い込んでいたものを、日本は戦前は軍事力で、戦後は経済力で突き崩して見せた。日本人が二十世紀においてやりとげたのは、人種の基本的平等の実証であった。これこそが来たる二十一世紀の世界を動かす公理である。

24日 日本人の偉業②

二十世紀の初めには人種の不平等は当然であり、むしろ正義であると思われていた。しかし、二十一世紀の初めには国といえないような小国でも大国と平等に発言するようになっている。この変化をもたらした原動力が日露戦争の勝利と、敗れはしたがそれに続く大東亜戦争です。すなわち、日本人の血と涙と汗の結晶以外の何ものでもない。

29日 順境と逆境①

「禍福はあざなえる縄のごとし」というように、常に互いに回転しているものである。修養を積んだ人は、「順逆一視し、しかも欣戚《きんせき》ふたつながら忘るべし」――つまり順も逆も一つに見て、そして喜びも悲しみも二つながら忘れて、それらを超越して天を楽しみ、命に安んじていることができる。

喜びも憂いとなり、憂いも喜びとなることを知れば、逆境にあるときにこれを善用するようになれば大いなる修養の材料となるし、しかも、それによって順境に到達することができる。

30日 順境と逆境②

通俗的な諺《ことわざ》に「転んでもただでは起きない」というものがあるが、このような姿勢で世の中に処していかなければならないと新渡戸博士はいう。

転ぶような不幸、逆境があっても、それを良い方向に利用するような心がけが大事なのである。何事もいいほうに活用していくことが処世の根本となるということである。

31日 大事と小事

古人は「名を成すは毎《つね》に窮苦の日にあり、事を敗るは多く因す得意の時」といっているが、困難に処する時はちょうど大事にあたった時と同一の覚悟で臨むから名を成すことになるのであり、失敗するのは小事にあたった時のような態度で臨むから失敗しやすいのである。水戸黄門（徳川光圀）は「小なる事は分別せよ、大なることに驚くべからず」といったということだが、いい教訓ではないか。

天井まで整然と本が並べられた書庫

2月

昭和18年、山形県立鶴岡中学校（旧制）入学。
母とともに

1日 志を立てる

幸田露伴の『努力論』の付録に「立志に關《かん》する王陽明の教訓《きょうくん》」という一文がある。

ここで露伴は、王陽明の「学問を成すには、まず志を立てることが一番である」という言葉を取り上げる。志が立たない学問は、根を植えないまま植物に肥やしをかけたり水をかけたりするようなものである。

程子《ていし》も「聖人となろうとする志があって、しかるのちに志を同じくする人間と共に学べ」といっているではないか。孔子のようになろうと志さない限りは満足するべきではない、というのである。

2日 猫の鼠を狙うが如く

自然科学の発見をした学者は、ある期間は自らの研究のこと以外は絶対に考えないはずである。社業を発展させた実業家も、朝から晩まで事業の発展しか考えない人であると思う。とくに中小企業の経営者は、二十四時間仕事のことばかり考えている人であるに違いない。

志というものは絶えず狙っていなくてはならないものである。「猫の鼠を狙うが如く、鶏が卵を覆うが如く」と王陽明がいっているようでなければ、志の成就はあり得ない。

3日　〝やる〟という意欲

才能があるかないかといった評価は、何か事を成したあとの結果に対して人が下すもので、始める前から自分で決めつけるものではないだろう。やると決めたら断固としてやってみることが大切なのだ。やれるかやれないか、実力があるかないかはそのあとで決めればいい。〝やる〟という意欲、強い意志さえあれば、何事もある程度は貫き通すことができると知るべきだ。

4日　強い意志を持つ

「何かをやりたい」とか、「何かになりたい」という欲求が気まぐれのものでなく、骨の髄から出てくる欲求であったら、その能力が潜在的にあることを、神様か大自然かがささやいてくれているのだと考えてよいだろう。

「人間は力が不足しているのではなく、強い意志に欠けているのだ」とヴィクトル・ユーゴーもいっている。

強い意欲をいつまでも持ち続け、一歩一歩踏みしめていくことが、結果として成功をもたらすものなのである。

5日 ハッピーとハプニング

幸福というのは、英語ではハッピーだけど、このハッピーは語源からいうと「出来事」という意味です。つまり、万事がうまくいくようなことが起こることがハッピー。日本語の場合も同じで、幸せというのは、仕合わせ、つまり「事のなりゆき」のことをいっていた。何かハプニングが起きるということだ。

6日 幸運の女神に好かれる条件

打ち込める対象を持っているというのが、幸運の女神は好きなのではないでしょうか。それは福分につながる重要な条件です。

たとえばビジネスの世界で、わからなくなったところ、ついていけなくなったところからは逃げて、経験にもたれかかるムキがないではない。それでは逆風にさらされることになっても仕方がない、とも言える。自分がたずさわる分野については、少なくともその最先端の部分をわかっていたいと思い、わかっているために努力する。それが幸運の女神に好かれる最低条件なのではないでしょうか。

7日　チャンスの神様

西洋の古い諺に「運命の神には前髪しか生えていない。後頭部は禿《はげ》だ。だから幸運を得ようと思えば、その前髪をつかむしかない。そして、それを捕らえたら離すな。一度逃げたチャンスはジュピターの神も捕まえることができない」というのがあります。

受動的に待っていても幸運は訪れない、まずは動いてみよ、ということです。

8日　心の態度

チャールズ・ダーウィンは、「人間にとって重要なのは、頭のよさよりも心の態度である」と言ったという。つまり、価値ある人生を送るために本当に必要なのは、学問の世界で言う頭のよさではなく、真剣にものを考え一事専心する態度であると言いたかったのだろう。

9日 少し苦労するのがいい

アランは面白いことをいっている。

「少し苦労して生きていくことはいいことである。生きていく上で波瀾《はらん》があることはいいことである。欲しいものが何でも手に入る王様はかわいそうではないか。もし、神様がどこかにおられたならば、きっと少しノイローゼになっているだろう」

退屈したり、ノイローゼにならないためにも、今は少し苦労するように心掛けてみよう。〝手応え〟のある充実した人生は、そこからしか生まれてこない。

10日 苦労にも工夫がいる

「工夫しての苦労でなければ、苦労の中からなにものも得ることができない。工夫なき苦労は一文の値打ちもない」——野間清治の言葉

11日　相補原理

伊邪那岐命《いざなぎのみこと》は「我が身はなりなりて成り合はざる処一処あり。故このわが身の成り合はざる処を刺し塞《ふさ》ぎ国土を生み成さんと以為《おも》ふ。生むこといかん（私の体には成長して、成長し過ぎた所が一カ所ある。そこで、この私の成長し過ぎた所で、あなたの成長していない所を刺して塞ぎ、国土を生みたいと思います。生むのはどうですか）」と言った。つまり、日本の男女は互いが補う相補原理なのです。言ってみれば鍵と錠の関係で、錠だけあっても鍵を掛けなければ意味がありません。両方あって初めて成立するという考えがあった日本は健全だと思います。

12日　教育勅語

明治の近代化の裏で重要な働きをしたものとして、私は「教育勅語」の影響が大きかったと思います。教育勅語があったから、日本は分散しなかったと考えているのです。外国の文化がどんどん入ってきて、下手をすると日本の伝統が失われそうだという中で、日本人が規範とすべき指針として教育勅語をつくったわけです。

13日 褒めて育てる①

功なり名を遂げた人が、若い人に期待し、励まし、自信をつけさせるということは、とても大切なことです。人は褒めて育てなければならないのです。

14日 褒めて育てる②

私の知り合いの先生に、ある子供が良いことをする、あるいは良い点数を取ると、「この手でお前は良い答案を書いたんだな」と、その子供の手をなぜてやる先生がいました。そうすると、その子供は、先生は自分をものすごくよく見てくれていると思うので、ますます励みます。大人の世界でも、何かやってもらったら、相手が善意でやってくれたと本当に思ったほうが自分にとっていいという、非常に実践的な教訓です。

15日 相手に応える

人から認められた場合は、認められたから、その人に認められたのに相応しい人間として行動する。愛情をかけられた場合は、愛情を受けたのに相応しいことをする。「士は己を知るもののために死す」というのも同じ言葉である。人間というのは、本来、そういうものではないかという気がするのである。

16日 エネルギー

勝機をつかむのは、エネルギーのある人だと思う。エネルギーがあれば、運を引き付ける力も出てくる。それは、エネルギーが満ちている時にだけ見えるチャンスというのがあるからです。ここでいうエネルギーとは精神的エネルギーのことですが、これが高ければ、未来が見えるような気がしてくる。だから、あふれるばかりのエネルギーで行動することが成功につながる。

17日 他を楽にする

労働は英語で「labor」といい語源は苦役であるが、日本の労働観はそうではなかった。働くとは他を楽にさせる（他楽《はたらく》）ことだという。他を楽しませると自分に楽しいことが返ってくる。仕事の本質は、それだ。それをややこしく考えるから、本当のことが分からないようになる。

18日 本物の仕事

持続できること、心静かにやって、やましくないような仕事、これが本物なのだということです。これは仕事というものに没入している人の一番の姿ではないかと思います。仕事とは本質的に持続ですから、仕事をよくしている人は、その時、心は一番落ちついています。

19日 自由意志 ①

「徳」というものは強い意志と健全な意志によるものであるとセネカはいいます。意志があるかどうかで、その行為が正しいか正しくないかが決まってくる。すなわち、ある行為をしたこと自体がいいか悪いかではなく、その行為が意志に基づいて行われたかどうかで正邪《せいじゃ》を判断するべきである、というのです。

20日 自由意志 ②

自分の意志次第でどうにでもなることなのに、しなかった場合は嫌悪の念を抱くべきである。

21日 知的生産活動の秘訣

知的生産をあげるには、一度火を入れて鉱石を溶解する温度に熱をあげたら、絶対に火を落とさないようにする溶鉱炉のように、孤独にひたってボルテージをあげ続ける時間が絶対に必要である。

22日 中断の時間

知的作業、知的生産で最高に充実した成果を挙げるためには、絶対に途中で中断してはならない。知的作業の敵は、まさしく中断の時間であると言ってよいのである。

23日　空《あき》部屋と発想力

　アメリカの学校では、おもしろい発想を示す子供の家庭的背景に、かなりはっきりした一つの共通点が認められる。それは、そういう子供の育った家には、何か目的のはっきりしないような空部屋みたいなものがある、というのである。わけのわからない空部屋がいくつかある、という物理的条件が、幼少年期の子供の空想力を刺激し、それが発想の豊かさに連なることがしばしばあるということらしい。

24日　孤独な時間を持つ

　孤独は人間にとってマイナスに作用することが多いが、この孤独という時間なくして自己の成長はあり得ない。孤独の時間を確保するのは必須と言える。

　おおよそ日常生活というものは、周囲からの雑音や雑事に取りまぎれて、自分を見失いがちである。だから仕事ができて仕事をたくさん抱えている人ほど、仕事を離れた孤独な時間を大切にすべきである。

25日 切りすぎずに切る

盆栽の名人からいい盆栽を育てるコツは、「切りすぎずに切る」ことだと教えられたことがある。植物を限られた状況に置くのが盆栽である。だから、そのままにしておくと、盆栽はすぐだめになってしまう。枝を切ることで適応能力が奮い起こされ、いい盆栽になるのである。

人間もまた、同じである。

26日 克己を果たす

人はうまく行かない理由を自分の外に見つけようとするが、たいていの場合、その答えは自らの内にある。そのことに気づいていながら素直に認めることができなくて、外に理由を求めることもある。

しかし己を抑える場合に目標を間違ってしまうと、決して己に克つことはできない。極端なことをしてみたり、傲慢な振る舞いをするようになるのがオチである。それは本当の意味の克己ではない。克己を果たすにはまず「知識の光と忍耐の力」を働かせて、真の敵を見つけ出さなければならない。

27日 天佑神助

東郷平八郎元帥は、自らの力によってどんなに素晴らしい勝ち方をしても、口癖のように「天佑神助《てんゆうしんじょ》」という言葉を発しています。「天佑神助」とは天の助け、神の助けということですが、東郷さんが言っているのは「誠を尽くせば、神は反応してくれる」ということであり、それが動かない信念でした。東郷さんの書には「至誠」というのが多い。この東郷さんの信仰というのは普通の日本人の誰もが持っている信仰でした。

28日 カリスマ

よく、リーダーになるにはカリスマ性が必要だとかいわれますが、カリスマというのは、もともとは「神様の特別な恩寵」というような意味です。

29日

逆順入仙

幸田露伴が道教について述べた言葉で、私が非常に好きで字にも書く言葉があります。それは「順に逆らえば仙に入る」（逆順入仙）という言葉です。人間は順々に年を取って衰えていくものですが、それでも修養を続けていれば仙人のような不老の生き方もできるというわけです。

3月

鶴岡第一高等学校時代

1日 何がしたいのか

私たちにとって、一番大きな「生きがい」は何だろうか。人によってさまざまであろうが、ただ食うために働き生きていくのではなく、自分が本当にやりたいことをやり、真に人間らしい一生を送ることであろう。

その意味で、一番大切なのは、まず〝志を立てる〟ということだ。

自分は何がしたいのか。自分は何になりたいのか。何をもって自己実現し、社会に尽くしたいのか。まず、それを見極めることである。

2日 努力の第一歩

「どうしたらいいだろう」は、いろいろな面で存在するはずです。

「学問であるレベルまで到達しよう」「藝事をうまくなろう」「金を儲けたい」「出世したい」「英語がうまくなりたい」等々、何だってあてはまる。そういう目標に対して、「どうしたらうまくなるか」、あるいは「どうしたらできるようになるか」と考えるのは努力の第一歩です。

その第一歩さえもない人は一生懸命やる気がない人であり、これは本当にどうしようもない人間です。

3日　仕事は真面目に

仕事をやってみたが面白くないというのは、真面目さ、真剣さの度合いが足りなかったからだ、と断言してもいいほどである。

仕事は真面目にやると面白くなる。これは人間の本質だといっていいだろう。

4日　意志を鍛える

意志を鍛えることは、人生の目的を達するために欠かせない。その有効な方法は、平素から日々刻々、一つの小さなことといえども軽視しないでやること。

これが一番確実な鍛錬になる。

5日　好きな道を選び、究める

志を立てるとは、自分の好きな道を選び、一生懸命に研鑽を積んで、その道を究めることである。だが、好きな道を選ぶというのは、簡単なようで実はむずかしい。人間どうしても、好きな道よりも、その時々の時流に乗りたがるものだからだ。

これを学べば時流に乗れるだろう、というような考えで勉学のときを送ったとしたら、時代が変わってそうした知識や能力が望まれなくなった時、本人の失望は大きい。でも、自分の好きなことに努力、専心していた人だったら、世の時流などというものは関係がない。

6日　目的を絞る

個人レベルでも単一の明確な目的をもつことは大事です。金を儲けたいのか、事業を大きくしたいのか、地位が欲しいのか、贅沢がしたいのか、社会的名誉が欲しいのか、はっきりしない人が多い。そういうのは絶対成功しない。まず目的は何か一つに絞ってはっきりさせるべきだ。

7日 自己暗示の力

「自分は絶対に大丈夫だ」と、根拠のない自信を抱いている人は、結構いる。

これは、ある種の自己暗示であり、この自己暗示が、本当に幸運を導いてくれることも、稀ではない。

8日 イメージの作用

一説では、イメージは自律神経に作用するそうである。いいイメージを強く持つと、脳がそれを実現しようと働き始めるというのだ。となれば、成功のイメージを思い浮かべるということは、ほかでもない自分の力で成功を呼び寄せていることになるのである。

9日 時間を無駄にするな

若いときに時間を惜しんで工夫をして学ぶ。それが身についている人は、生涯にわたってどれだけ時間を節約できるでしょうか。

同じだけの時間の長さを生きていても、節約の心がけのある人とない人とではおのずと到達点が違ってくるはずです。工夫をして創出した時間を有効活用することによって、後悔の少ない人生を送れる可能性はより高まるはずです。

そして、そのためには工夫が必要だと偉大な先人たちが教えているのです。

10日 青年期の課題

「少年老い易く学成り難し」

相撲取りでも、年を取ってから稽古をしたところで強くはならない。しかるべきときにしかるべきことをやらなければ伸びないのです。

そして、「しかるべきときにしかるべきことをやる」ためには、自分にとって「しかるべきもの」とは何かを必死で探求し、明らかにしておかなくてはなりません。

何を自分の柱として人生を生きていこうとするのか。それをはっきりさせることは青年期の大きな課題となるでしょう。

11日　老若を決めるものさし

新渡戸博士が『修養』を出版したのは四十九歳のときで、亡くなられたのは七十二歳のときである。当時は五十歳定年の時代だから、四十九歳といえばそろそろ老いていく時期なのだが、博士は『修養』を書いたのち、まだ二十三年も精力的な活動を続けておられる。

当時の博士にしてみれば、これからいろいろな仕事をやろうというときで、まさに人の老若を決めるものさしは年齢だけではない、これからなすべき仕事があるかないか、それが多いか少ないかで定めるべきであるという気持ちであったのだろう。

12日　人生の宝

ヒルティによれば、普通の思慮ある行為をする人が手にすることのできる一番良い財宝というものは、揺るがない道徳的な確信、良い精神的な教養、愛、誠実、仕事の能力、仕事の楽しみ、精神および肉体の健康、幸せな家庭、少数の友人、そしていささかの財産などで、これがレーベンス・ギューター、つまり人生の宝とするものです。それ以外のものは全然無価値であるか、あるいは、これと比べれば大して価値のないものなのです。

13日 恐怖心の克服

人間は誰でも、心の中に危険を恐れる感じがある。だから、良いことと知っていても、危ないことはしたくない。非難されるようなことには手を出したくない。そういう感じで、たいていの人は、危険を避けて安全な道を歩いて死んでいく。

誰にも偉人となる道はあるのだが、その才能を発揮できるか否かは、安全だけを求めないで、危険に向かって勇往邁進できるかどうかで決まる。昔の人は、これを勇気といった。

14日 逆境に処する態度

最終的に、人間の一生には「これは天命だ」といわなければならないことが起こりうるものだ。それには良い命もあれば悪い命もあるが、とりわけ逆境に遭ったときの態度が何よりも重要なのである。どんな逆境にあっても、決して天を怨まず人を咎めず、自らを信じて心穏やかに道を楽しむ。「これは天命だ」と受け入れることが大事なのである。すると、霧が晴れるように視界が開けてくるものである。

15日 境遇への対処法

スノーデン（事故によって両足が利かなくなったイギリスの政治家）の「境遇が不満ならば改善するように努力をしなくてはいけない。それがどうにも変えられないものだったら、それに甘んじるように腹を決めなければならない」という考え方は、一種の悟りといってもいい。

これは、自分に与えられた境遇が厳しいとき、それをどのように考えれば運命を好転させることができるかを教える貴重な言葉である。

16日 修養の勘どころ

非常な不運に遭えば偉い人でも引っ繰り返ってしまうけれども、これをちゃんと受け止める心がまえが必要である。反対になんでもない順境のときには、いざというときのことを思って何が来ても大丈夫なような心を練っておくことが大切である。これが修養というものの勘どころである。

17日 順境の落とし穴

とかく順境にあった人は人の恩を忘れたり苦しかったときのことを忘れていい気になりやすいものだが、それは修養のできていないことを身をもって示しているようなものである。そうしたことは決して忘れてはならない、忘れないように心がけることが大切である。

18日 劣等感は出発点

ある人が、大学で周囲の人物がみな秀才に見え、劣等感を抱いて悶々としていたとき、ある教授に「優秀な人ほど、劣等感を持つものだ」と言われて救われたと言っていた。自分にもなれる可能性があり、それを自覚しているからこそ、劣等感を抱くのだ。ということは、やはり、劣等感は、成長していく出発点なのである。

19日 交際の核心

交際は人として社会に生存していく上で欠くことのできない根本要素である。しかし、あの人は交際が上手だとか下手だとかいうのは外形的な交際法をいっているのにすぎず、そこには最も大切な精神の部分が抜け落ちている。

相手の貴賤上下にかかわらず、いかなる階級の人にも真摯に交わり、一言一句、一挙一動のすべてが自己の衷心から出るというのが本当の交際であろう。

20日 古人の交際術

古人も交際に関していろいろな説を唱えているが、その中でも司馬温公が「妄語《もうご》せざるより始む」といったのが最も的を射ていると渋沢栄一はいう。嘘をつかず、真摯な心で接することが必要だというわけである。

また孔子は「老者《ろうしゃ》はこれを安んじ、朋友はこれを信じ、少者はこれを懐《なつ》けん」といっている。老人には安心させ、友達には信頼させ、幼い者からは懐かれるようにしたいという意味だが、渋沢はこれでこそ真の交際も成立するというものだといっている。

21日 良妻賢母

いい奥さんを持った人は、どこか子供っぽいと思う。そしていい女というのは、どこか母親っぽい。いい女は女房兼母親の役割を果たすので、亭主は必然的に子供っぽくなるのかも知れません。

22日 女性の魅力

昔の人間は、女の魅力というものを、娼婦的魅力と、主婦的魅力とにはっきり区別して考えていた。いまはそれが混同されているところがある。主婦的魅力とは、家庭での落ち着き、子供へのやさしさ、家事をスムーズにこなせるか、などである。

23日　父親の権威

父親の権威を立てないために、どれぐらいの家庭で不幸が起こっていることか。「お父さんは偉いんだ」と母親が子供たちに少しでも仰ぎ見させる癖をつけておくと、いざ非行に走る段に、親父がガンといえば終わる。「お父さんは駄目な人。あんな真似しては駄目」などといっていたら、本当に駄目になる。

24日　胎教のすすめ

ダーウィンは、子供は母親のお腹の中にいるときから教育すべきだ、ということを教えている。「いつから教育を始めようか」などというのはとんでもなく暢気な話で、ある宗教家にいわせると、それこそ男女の交わりのときに、すでに「いい子供が生まれるように」と思わなくてはいけないという。これは極論ではあるが、教育を始めるのは早ければ早いほうがいいということになるのだろう。

25日 貨幣は力

凡人にとって、経済的な不安があるところに自由は存在しない。

フランスの実存主義哲学者で、文学者のジャン・ポール・サルトルなどは、「貨幣は私の力を表わす」と表現して、お金の重要さを説いている。

たとえば、今、財布の中に五十万円あるのと、千円しかないのとでは、圧倒的に考え方が違ってくる。買えるものが多ければ、選択の自由も手にすることができる。求めるものが買えるとすれば、金はまさしく〝力〟となり、自由をも左右するのである。

26日 お金と人間性

お金に関しては、一度ルーズになれば、どこまでもルーズになってしまう。借りてしまえばこっちのもの、というずるい考えが、どこかで湧いてくるものなのだ。

お金についての態度に、その人の人間性が出る。だからこそ、借金をしたら、ごまかさずにきちんと返済することが即信用につながるのだ。

27日 怠惰の克服①

「気が乗るか乗らないかは、仕事を始めれば自然に解決する。初めはどうも気が進まないようなことでも、それが本当に重大な病気からでも出ていないかぎり、仕事に受け身でなく進んでやれば、だいたいはなくなるものである」――ヒルティの言葉

28日 怠惰の克服②

内なる怠惰の克服が時間を得る最大の方法なのです。だから、あらかじめ考えをまとめる時間が欲しいとか、仕事についてあれこれあまり考えるというのは、多くの場合、仕事逃れの口実です。ある程度は仕事を始めてから考えていいのです。

29日 心と顔

「顔に書いてある」という言い方がある。能役者は演じているうちに顔が能面のようになるといわれる。それほど、顔というのは自分の心を映し出すものである。いい人相はその人を前に押し進めるし、人相の悪い人は嫌われる。だから常にいい人相になるような習慣を持つようにすることが大切なのである。

30日 信念に従う

よい顔をもった人間になるにはどうすればいいのか。アメリカの哲学者ラルフ・ワルド・エマソンはこういう。

「盲従《もうじゅう》ばかりしては何の説明にもならない。たったひとりで行動すれば、すでにひとりでしたことが、君を正当だと証明してくれる」

人の言葉にペコペコと頭を下げて従うことが誠実さの証明になるわけではない。それよりも信念に基づいて断固としてやれば、それがあなたの正しさの証明となる。

31日　性善説か性悪説か

人間の生き方として、性善説に立つか性悪説に立つかのポイントは、私たちが自己を成長させる、つまり自己実現ができるような生き方をするためにはどちらが優れているか、という視点です。

私たちには、自己を成長させたい、自己実現をしたいという願望というか本性があることは否めません。それは素晴らしいことだと思います。とするならば、そのスタンスに立って考えるべきだと思うのです。

修養なきところに人間的成長はない

4月

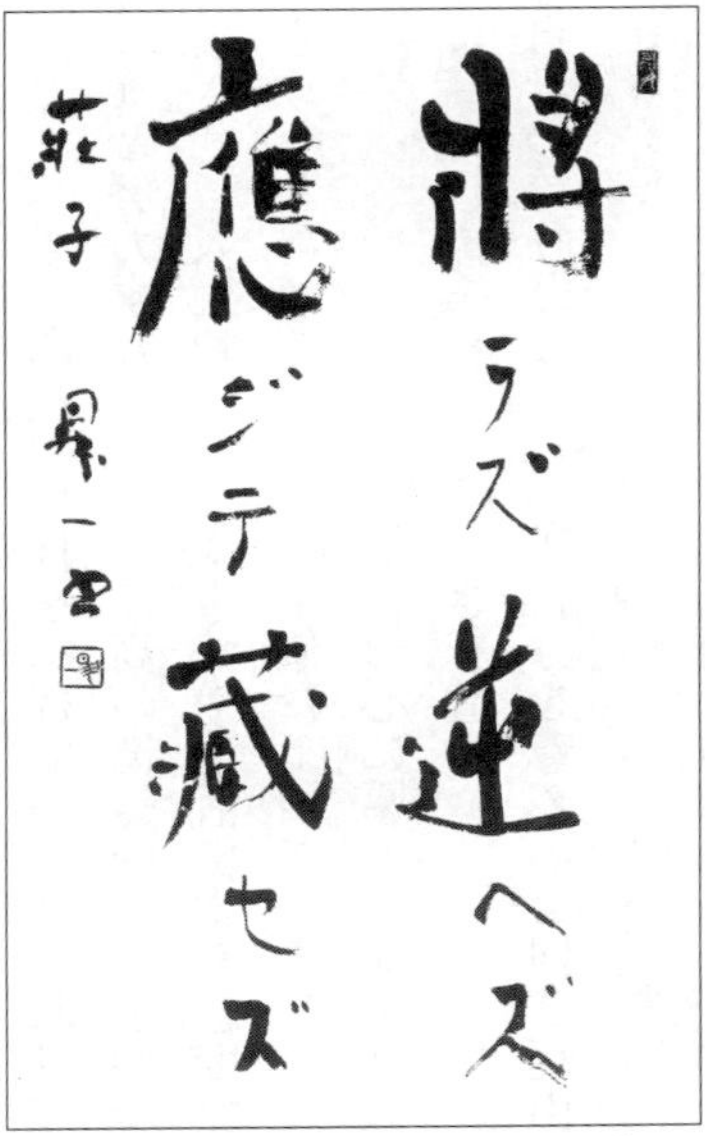

「将ラズ逆ヘズ
應ジテ蔵セズ」

※「去るものは追わず、来るものはことさらに迎えようとせず、だれかれとなく同じに応接して、しかも心にとどめることをしない」という意。自然に心が動くことを言う。

『荘子』より

1日 人生最大の目的

スマイルズは「人は誰でも、優れた人格を得ることを人生最大の目的とすべきである。正しい手段でそれを得ようと努力すれば、ますます生きる力がみなぎり、人生観も揺るぎないものとなるだろう」と言っている。

人格者となるため、人生に高い目標を持つことは、それだけで自分自身の誇りとなるはずだ。

2日 人格者の五つの条件

スマイルズは「真の人格者」としての条件を挙げている。それは、

①最高の模範的性格を持つ人間である
②服装や生活様式や態度ではなく、道徳的価値によって決まる
③自尊心に厚く、何よりも自らの品性に重きを置く
④自分を尊ぶのと同じ理由で他の人々をも敬う
⑤名誉を重んじる心が強く、卑劣な行動を取らないようにいつも気を配っている

などといったものだ。

3日 プライドを持つ

品格を保つために最も必要なものは何か。私は、誇り、プライドだと思う。品格というものは、「プライドある人間の行為」を指します。「品格ある人」イコール「プライドある人間の外に表れた形」である、と定義すると、プライドを持つことが、すなわち品格のある人間を形づくる核になると言えるでしょう。

4日 武人の道徳

果断で断固として行動するけれども、常に平静で品位がある。また、社会的なことには有用な人物であるけれども、外的環境には左右されない。ローマの武人たちは、そういう人物になることを人生の目的として修養に励むようになった。

5日 生き方を確立する

こんな自由の時代の中で、自分の人生を自分で支配できないのなら、あなたは時代の犠牲者でしかない。それも正しくは自分自身の犠牲者といえるだろう。もし、自分は他人のために起こされ、他人のために働かされていると思っているのだったら、考え方を変えるべきだ。自分のことはすべからく自分の意志で決定し行動すべきだし、それができるのである。

6日 自由の代価

自分で決めたことなら、自分だけで価値判断すればいい。他人が自分に下す評価は自分の自由にならないことだから〝諦める〟のだ。自分がそうしたいと考えてやったことだから、すべて結果も責任も自分が負えばいいわけである。それはつらいことであるが、それが自由の代価というものであろう。

7日 志の持続①

子供のときは誰でも「自分は将来こうなりたい」「こんなことをやってみたい」と思うことがある。そう思うというのは、実は「やることができる」という神様からのメッセージである。そのときしっかりと志を立て、持続して努力していけば、必ず思ったようになれるはずなのだ。

ところが実際は、年を重ねるとともに、だんだん「やれる」とは思わなくなってしまう。そういう人が大半であろう。「やれる」と思わなければ「やろう」とは思わない。だから、結局、何者にもなれずに終わるのである。

8日 志の持続②

なぜできると思ったことができなくなってしまうのか。それは、親や学校の先生や周囲の大人の影響が強いように思う。まわりから「そんな簡単にできるものじゃないぞ」「世の中はそう甘くないよ」といわれ続けることによって、自分でも「できない」と思うようになってしまうのである。

だからこそ、志を抱く人にとっては、ひとりになって自分の心の声を聞く時間を持つことが大切になってくる。心の中から聞こえてくる声についてよく考え、自分が本当は何を求めているのかを常にはっきりさせておかなくてはいけない。

9日 日本人の心

今、アメリカのポトマック河畔にある日本から贈られた桜並木は、日本ではめったに見ることもできないほど見事なものになっている。しかし一般のアメリカ人は言うに及ばず、アメリカの詩人でも、そこで散る桜花に注意を向けているという話を聞いたことがない。そこの花吹雪が国民的関心事になるということは絶対にない。

この相違はどうして生ずるのであろうか。かれらには散りいく桜花の美が見えないのであろうか。かれらはしずず心なく散りいく桜花に心を動かされないのであろうか。

しかり、日本人以外の目には、桜の花も、その散るところもたいして美しいものには見えないのだ。そして日本人の心以外は、散る桜花によって深く感動せしめられることはないのである。

10日 物のあわれ

ひさかたの　光のどけき　春の日に
しづ心なく　花の散るらむ

誰もが知っている紀友則《きのとものり》の和歌です。私が大好きなこの歌は、心が受け身になって、「物のあわれ」をよく表わしている名歌です。

「物のあわれ」とは、本居宣長によれば、「ああ、はれ」と感ずる心ということですが、おだやかな京の街の晩春の頃、風ひとつ吹かない。その時に、咲き誇った桜が、はらはらと散っていく。「ああ」という気持ちです。

それは春のあわれであり、自然のあわれであるとともに、人の生命のあわれを象徴しているのですが、この「ああ」という心、哀惜の心、慈愛の心が小恍惚につながるのです。

11日 クヨクヨするな

どうしても考えこんでしまうときは『風、疎竹《そちく》より来たる。風過ぎて竹、声を留めず。雁、寒潭《かんたん》を渡る。雁去って潭、影を留めず』という句を思い出すといい。

これは、竹があってそこに風が吹くとサーッと音がするけど、風が去ってしまえば、もう風の声はしない。雁の群が冬の湖を渡る時、その影が澄んだ湖面にうつる。しかし雁が去ってしまえば、もう雁の影はない。つまり、人生においてはいろいろな出来事があるけれども、それが過ぎ去ったらもうクヨクヨするな、という意味です。

12日 喜びの効果

大きな喜びがあると、病人も治ることはよく知られていることです。また、そうでなくても、すべての点において、静かにして絶えざる喜びを持つようなことは、緩やかではあるけれども、一層永続的な効果を持つものです。

13日 学問の四つの目標

「人々個々の世に立ち功を成す所以の基礎を与うるところの教育にも、目的が無くてはならぬ」と露伴はいう。目的地がなければ出発できないように、あるいは的がなければ矢を射ることができないように、目標のない学問は何も生み出さない。

では、学を修めようと思った場合、どのような目標を掲げればいいのだろうか。露伴はそれを「正、大、精、深」の四つであるとしている。さらに、この四つは「身を立て、功を成し、徳に進まんとするもの」が必ず目標とし、常に忘れることなく心に抱き、従っていかなければならないものであるという。

よりよき人生を獲得しようとする人ならば誰でも、「正、大、精、深」を目標として掲げるべきである。この四つの目標のもとに歩を進めれば、必ずや納得のできる人生を送ることができるというのである。

14日 正大精深 ①正

「正」について露伴が強く唱えているのは「学問には正道というものがある」ということである。人というのは他人の知らないことを知ろうとするあまり、往々にしてオーソドックスなところを避けて、珍奇なところに入ろうとする傾向がある。他人の知らないことを知っていることで満足を得たいという心理は、多くの人間が持つものであろう。

露伴は、珍奇なことを学ぼうとすること自体を否定しているわけではないが、その前に学ぶべきことがあるのではないか、といっている。学ぶには順番があるというとだ。

15日 正大精深 ②大

自分はいろいろなものを集めるのが好きなので、将来は世界中のマッチのレッテルの収集家になりたいという人がいる。悪いことではない。しかし、当初からこのようなものを人生の目的とするのは、あまりにも「小」ではないのか。

まだ年も若く意欲的に学べる時期には、できるだけ広い世界に目を向けて、知識を広め、能力を開拓し、自らの器を大きくするように努めなければならない。最初から小さな所に自己を限定するのは好ましくないということなのである。

16日 正大精深 ③精

学問において精密であることは極めて重要である。ニュートンが重力の法則を発見したのも、たえず自然現象を緻密に考え続けたからである。

西洋の自然科学が発生する頃の観察の緻密さは、人類の文明史に残る特徴といってもいい。それほどの緻密さがあったからこそ、自然科学の方法が確立できたのである。

17日 正大精深 ④深

学問において「大」を目指して広い目を養おうとすることは大切だが、「ただ大きいだけで深くなければ浅薄になるおそれがある」と露伴はいう。同時に、精密なだけで深さがなければ学問を推し進めることはできないし、正しいだけで深さがなければ学問の面白みはわからない。つまり、「正、大、精」だけでは駄目なのであって、それは同時に「深」でなくてはならない。

18日 貯金のすすめ

貯金というのは、ただお金のことだけを指すのではない。いろいろな苦労をして経験を積んでおくこと、厳しいトレーニングをして体力をつけておくこと、良好な人間関係に努めて信頼を得ておくこと、友情を培っておくことなども、広い意味では貯金といえるだろう。日頃からそのような貯金をしておくことによって、チャンスがやってきたときに生かすことができる。貯金がなければ、今がチャンスとわかっていても、みすみす指をくわえて見逃すしかないのである。

時を逃さずチャンスをつかむ。これは偉人、成功者の共通項である。

19日 優れた人の内面生活

本当に優れた人物の内面生活をよく知るならば、そういう人たちが常にほかの人より格段に優れたその理由は、本当の哲学、あるいは宗教のきわめて短い、しかし、動かしがたい原理、確固たる原理を確信していたおかげであったということがわかります。そしてそれは、一部は遺伝、一部は自分の反省と決心によって身につけた、良い習慣の賜物であることもわかるのです。

20日 アランの幸福論

「幸福を得るためには、さまざまな出来事を乗り越えていく必要がある。たくさんの敵にも遭遇する。負け戦もあるだろう。しかし、たとえ負けたとしても、全力を尽くしたあとでなければ、『負けた』といってはいけない。これは幸福を得るための至上命令なのだ。自分で幸福になろうと強く願わなければ、絶対に幸福にはなれないのである」（アラン）

幸せになるためには、幸せを求める強靭《きょうじん》な意志が必要だといっているのである。のほほんと待ち構えているだけでは、幸せは決してやってこない。

21日 幸福の定義

富貴必ずしも幸福ではなく、貧賤必ずしも不幸ではない、と渋沢栄一はいう。いかに物質的に豊かであっても、知識を磨き、徳行を修めることを忘れた人は幸せとはいえないし、逆に貧しくても人間の履み行うべき道を実践する人は幸福な人である。

22日 ごまかさない

私は田舎育ちなので、周辺の家の情報が筒抜けといっていいほど伝わってきた。そうした中で知ったのは、お金を扱う立場になったときにごまかさないような人は必ずある程度まで引き上げられ、出世しているという事実だ。

23日 ズルをしない

将棋が強くなった子供たちの特徴は、ズルをしないという、まことに単純なことなのである。将棋を指しはじめると、静かになる子供たちである。ごまかす、ズルをする、という精神ではじめたものは上達しないものだというのは、鉄則であるように思う。

24日 天が判断する

「天が見捨てなければ死ぬはずはない。死ぬのならば、それは不要だと天が判断したのだ」という覚悟が、意外に人を生かすことはあり得ると、私は思います。孔子のように「自分が文王以来の文明を背負っている」といっている人であれば、その覚悟が「自分は死ぬはずがない」という自信、そしてついには確信といえるほどになっていくのは当然のことでしょう。

25日 天の意志

志のある人は、イザという場面に当たって、やはり、天がもし私を必要とするならばといった気概で立ち向かわなければならない場合があると思う。そして実際、多くの場合、それで道が開けていったりする。

26日 勤勉と健康

多くの場合、仕事をしているほうが精神が安らかで健康であるということは確かです。

私は少し休みすぎると頭が痛くなりますが、仕事をしていて頭が痛くなったりすることはまずありません。テレビなどでも、最近よく「この道六十年」などという職人などの映像が映りますが、実にいい顔をしています。あの人たちは、週休二日制ではなくて、一か月一回ぐらいの休みで青年時代をやってきたはずです。老人の顔が、彼が経てきた歳月の質を示すとすれば、勤勉に仕事をする習慣、これがああいういい顔を生むと思います。

27日 余暇の考え方

余暇と言えば、すぐにスキーやゴルフ、旅行といった日常からの離脱をイメージする。しかし、それは長い自由時間のうちのほんの一瞬に過ぎない。余暇が本来の「自由な時間の活動」であるなら、自分が面白いと思うもの、意味があると思うものがそのまま余暇になる。だから、余暇はもっと多様化していいはずだ。

28日 心学と修養

私は現代は明らかに啓蒙の時代であると思っているし、啓蒙の時代の思想として最もふさわしいのが「心学」であると考えている。そして、この心学の理想を別の言葉で置き換えるならば「修養」ということになるだろう。即ち、人間の魂に、自分の精神に、磨きをかけることである。

29日 心学と日本人

本来、日本人というのは江戸時代以来の心学の影響で、自分を高めるということに熱心です。心学というのは、神道であろうが儒教であろうが仏教であろうが、いいところがあればそれを取り入れて自分を磨くために役立てましょうという考え方です。これは日本の思想の非常にユニークなところで、心というものがあって、その心とは玉みたいなものだと考えるのです。そして、その玉を磨く「磨き砂」は、儒教を使ってもいいし、神道を使ってもいいし、仏教を使ってもいいじゃないか、と。要するに、心が磨ければなんでもいいというわけです。

30日 古典の力

自分の人間性を深めようというようなとき、人間として成熟するというような感じのときは、やはり『論語』のように、とてつもなく深く、広く、長く人間のことを考え抜いた人がポツポツとおっしゃったことを嚙みしめるのがいいのではないかと思います。

5月

上智大学時代。中央は恩師・佐藤順太先生

1日 生後十一カ月

人間の細胞はたえず入れ替わっておりま す。医学の教えるところによれば、人間の 体は十一カ月ごとに建てかえられるとのこ とです。ですから肉体的見地から見ると、 あなたも生後十一カ月に過ぎず、また十一 カ月後には「復活」することになるのです。 だから心配、嫉妬などによって体の調子を 狂わせたり、病気になるとすればあなたの 意識する心の責任です。

2日 変化の原理

変化というのは、ある時期までは一定の 係数をかけた形で推移する。棒グラフにす れば、一定の右肩上がりか右肩下がりで変 化していく。だが、ある極点に達すると、 グーンと棒グラフが跳ね上がるかガクンと 下落する。カタストロフィーというやつで す。変化が暴発する。これは変化の原理と 言っていいものです。

3日　脳と進化論

ある時点において人間の脳は、パッと変わったのではないかと思う。

ウォレス（イギリスの生物学者）も自著の中で、「人間の脳は、進化論では説明できない」と述べている。なんとなれば、あらゆる動物の能力は外的環境に対する「適応」のためである。しかし、人間の脳は外的環境への適応とは関係がない性質のものである。高等数学ができるような脳が、どうして適応の必要がないのに生まれてくるのか？　進化論では説明がつかない。

4日　自然淘汰しない人間

ウォレスは進化論を考えた挙げ句、人間は自然淘汰をしていないことにも気づいた。彼はブラジルの未開拓の地に四年間住んだことも、いまから百五十年も前のインドネシアの山奥に約八年間も住んだこともある。そのときに、どこを見ても弱者をみんなで助けるという姿を目の当たりにした。自然淘汰とは、弱者は淘汰され強者が残るというものだが、人間の場合は弱者を助ける。従って自然淘汰しないという結論に達したわけだ。

5日 福運を招くもの

勝負の帰趨はそのときの運に左右される。運というのはあるのかないのか。あるようでもあるし、ないようでもあるが、なにがしの気配が働いて運を左右するということはありそうだ。そのなにがしの気配を働かせて福運を招き寄せるものはなにか。結局、そういう目に見えないところでの行為、目に見えないところで尽くす誠実、といったものなのではないでしょうか。

6日 運は巡る

よく「運は運なり巡るなり」といって、どう転ぶかわからないものです。わからないから運なんです。こうすればこうなる、というのは数学か自然科学で、因果律です。でも、運というのは因果律じゃないから、方程式は成り立たない。それは。ある日ある時、天の一角からやってくるものなんです。

7日 意志を強くする

筋肉を強くするためには筋肉を使わなければならないのと同じように、意志を強くするためには、意志を使わなければならない。具体的には、本当に小さなところから鍛錬を始めればいい。一日一回、はっきり意志の力で何かをやったら、だんだん意志は強くなるのだ。

8日 選択、判断、実行

自分の意志で自由になる部分を探し出して、その範囲で選択し、決断し、実行する。一日何分かの小さな決断が、その日の残りの二十何時間かの質をいつの間にか変えるであろう。一日が残りの三百六十四日の質を変え始めるであろう。一年が十年の質を変えるであろう。このようにして必ずあなたの一生の質は変わったものになっていくはずである。

9日 壁を越える

自分を高めていく過程では、常に何かの形で壁にぶつかるものである。はたから見れば取るに足らない小さいことでも、当人にとっては大きいことである。そんなとき、なげやりになったり後退したりしないで進むためには、いくつかの方法がある。

私の場合、聖書の中の「最後まで耐え忍ぶ者は遂には救われるべし」という言葉と、昔漢文で習った「志ある者は事竟《つい》に成る」という言葉を、あたかも念仏のように唱えることで心を静めた。壁に突き当たったと感じるときは、散歩しながらでも、寝る前でも、この言葉を繰り返し唱えた。

10日 失敗を生かす

自分の希望を満たして成功するためには、失敗はむしろ必要なものであると、あらかじめ思い定めておいたほうがいい。たとえそのときは失敗だと思うことでも、心がけ次第で、先の先にいって生かすことができるのである。

11日　勤と倹

事業を始めること、すなわち創業の場合にも、業が定まってから守ること、すなわち守成の場合にも、一番重要なのは勤勉であることと節倹であることである。勤勉でなければそもそも仕事が始まらないのは誰でもわかっている。また、成功したら締まるところがなければ長続きしないことも明らかである。

勤と倹、これが創業・守成のもとである。

12日　テュモス（気概）

気概というのはギリシア語でテュモスと言うのですが、ギリシアの哲学者の言葉を使ってニーチェが言った言葉があります。「二人の男が喧嘩し合った。一人は勝った。勝ったのは戦士になって、一人は降参し、降参したのは奴隷になった」

そして、両者の違いをテュモスにあると言っています。気概というものが一番重要だというようなことを、古代ギリシアの頃から気がついていたわけです。

13日「男らしさ」という徳

ラテン語で「徳、剛毅、果断、熟練」を意味するvirtus《ヴィルトス》は「男」を意味するvir《ヴィル》から出ています。つまり古代ローマ人の間では「男らしさ」がすべての徳の根源と考えられていました。

14日 美徳は報酬である

英語に、Virtue is its own reward.（美徳はそれ自身の報酬である）ということわざがあります。良いおこないの間違いのない報酬とは、必ず次の良いことをやりやすくなるということです。そして、さらに良い行為はやりやすくなります。そして、そういう良いことをやる人は永続的な影響を与えられます。すなわち、美徳のある人とは、その美徳をやり続けたからそれが身についているということです。

良いことをやれるということそれ自体がもう報酬なのだということです。

15日 損して得取る

金を儲けるには「損して得取る」ということが重要である。そうしないと利口らしく見えてもあまり得にならないことが多い。何をするにしても、自分のためだけを考えていたら絶対に儲かるものではない。世のため人のためを考えて、真面目にいいものを世の中に提供することが大切なのである。そうしようとすると、やることに真心がこもり魂が入る。これが富へ至る道である。

16日 貯めないで貯める

「貯めないで貯める」というのはパラドックス的な言い方である。勤め人ならば、自分が勤めている会社を盛んにすることが自分を発展させる第一の条件であるという確信を持って徹底的に会社のために働くことが「貯めないで貯める」ことにつながる。そういう気持ちで働いているとそこに奉仕の感激が湧き、信念の努力が積まれる。そのようにして一年、二年と続けていると、出世しない道理はない。

人が十年で進むところを五年で進む。そして次は人が十年で進むところを二年で進む。すると都合二十年で到達する俸給を七年で勝ち得ることができるわけである。

17日 諦める理由

私たちはなんらかの壁にぶつかると、それが自分の手に負えそうもないとき、たちまち無条件降伏し、やりたいことを「諦める理由」を探し始めるものである。「諦める理由」を探すのに賭ける情熱をやりたいことに注《そそ》げばどんなに人生は好転していくかと私は考えるのであるが、とかく人は「できない理由」をつけて挑戦することをやめるのである。べつにこの程度でいいやと変に納得してしまう。あとは何とも煮え切らない人生が待っているだけであるというのに。

18日 人生の醍醐味

物事を簡単に諦めるという傾向は最近の人に見られがちである。これはその人がこれまでに一つの事に真剣に取り組んだことがあまりないために、自分にできることとできないことがわからず、必要以上に臆病になっているにすぎないのではないか。「できない理由」など探し始めたらきりがない。そこをグッと抑えて、やるための意義を見つけていくことが人生の醍醐味なのである。

19日 仕事の価値

仕事とは、ある程度続けると、ある程度はできるようになる。しかし、もっとうまくなりたい、もっと完成度を高めたいと、「いい仕事」には上限がない。努力を積まなければ成就できないくらいの難しさがあるからこそ、仕事というのは続ける価値があるということだ。

20日 気の毒な人

一つの仕事に長くおちつけない人、一生これという仕事を持てなかった人は、うちこむことのできる仕事を持っている人ならばだれでもが体験する小恍惚から見放された人であり、気の毒な人といわねばならない。

21日 少年の精神衛生

かつて私の少年時代には、乃木大将はもちろんのこと、広瀬中佐などといった尊敬すべき人物がいろいろといた。とくに、日露戦争のときに、旅順にいたロシア艦隊がウラジオストックへ脱出しようとするのを身を挺して阻止した広瀬中佐の話などには、胸躍る思いで聞きほれたものだ。

そういういい話、胸がときめくような話が男の子の精神衛生には非常によく作用するのである。

22日 武勇伝を読む

武勇伝というものは、元を正せばインチキ臭いものだが、子供のときに面白がってのめり込んで読むと、土壇場でパッと面白く読んだ話が出てくることがある。だから、いい講談、勇ましい人の話、立派な人の話を、子供のときに読むことは、腹の据わった人物を育てるためにも極めて重要なのではないかと思う。

23日 墓参り

一般的には、よく先祖の墓参りをする家の子供は、だいたいよく育っている。年に一度でも二度でも、おじいさんやおばあさんの墓の前で手を合わせる。そういう場に連れて行ってもらっている子供は、そこに生命の流れを見るのだ。親父は祖父に手を合わせた自分も親父が死んだら親父の墓に手を合わせるか、というような流れがイメージとしてでき上がってくる。そういうよいイメージをつくれるかどうかが大切なのである。

悪いイメージを持っていると、悪いほうに人は行き、よいイメージを持っていると、よいほうに人は動くということだ。

24日 子は親の鏡

不良とか不肖とか言われる子供が出来る責任は必ずしも親にあると限らないでしょう。しかし立派な子供の親はどこか日常の生活態度に立派なところがあったのだろうとは言えるのではないでしょうか。

25日 継続の習慣

継続の習慣をつけるためには易しいことや少しだけ嫌なことを選ぶほうがいい。

たとえば、食べ物を少しだけ減らす、冷水浴をする、日記をつける、散歩する、決まった時間に起きる、食事の前には感謝する、親の命日には花を捧げるなど、なんでもいいから少しだけやりにくいことを繰り返すと、継続が習慣になって一事に達する。すると、それが他に適用されてくるというわけである。

26日 反省する

真に向上しようというときは、自分の失敗はどうして起きたのかを真摯に反省する気持ちが重要である。失敗を人のせいにしてしまったら、その人のそれ以上の進歩はありえない。充実した生活を送っている人であればとくに、この反省は必ず必要である。

27日 君子の道

易経に「君子ハ豹変シ、小人ハ革面ス」という言葉がある。君子というのは、心の底で納得した上で変わるので、豹の斑紋が鮮やかなように変わる。小人のほうは叱られれば「はあ、そうですか」と表面だけ変えて妥協するのである。

おなじ変わるにも、心の底から変わっていくのは自己実現の道であり、君子の道である。外側の情勢次第で、あるいは人の顔色を見て変わるのは小人の変わり方だ。本を読んで心から感動して変わるのは君子の変わり方である。あるいは説教を聞いて改宗するというのは、りっぱな変わり方であろう。

28日 知的生活と遊び

酔っぱらったときは快く遊ぶべし。そのあたりのメリハリがなければ、ただ単調な毎日を送るだけの人生になってしまいます。「知的生活」とは単に机に向かって本を読んだり、ものを書いたりするだけで成り立つものではない。たとえば、「遊び」というものも大事だと思います。遊びが欠けていると人生にも深みも広がりもないし、ゆとりというものもなくなります。そういう人間からはおもしろみも味わいも出てこないと言ってもいい。

29日 尊敬と嫌悪

自分の仕事の分野で、その知識が求められているならば、それを出せば出すほど尊敬される。しかし、求められていないようなところでそれを口に出すのは、十中八、九間違いなく嫌われる。

30日 お節介

世の中にはよせばいいのにどうでもいい他人の問題に手を出して、自分が解決してやったという自惚れに陥り、自分を人間味のある親切な人柄であると思いこみたがる人間がいる。そういうのは自己顕示欲からくるお節介であるというのです。

31日　神のおすみつき

自分が本当になりたいもの、やりたいものがふつふつふつとね、自分の脊髄《せきずい》の中で燃えているような感じがするときは、その可能性がその人にあるんだという、自然といってもいいし、神といってもいいが、そのおすみつきである。

自宅書斎にてくつろぐ

6月

上智大学大学院時代

1日 貯蓄と文明

「貯蓄があるということは、文明国のしるしである」と渋沢栄一は言う。発展途上国には、貯蓄という思想がないということは新渡戸稲造も言っている。

2日 私有財産制の意義

私は何年も前から、日本でも早く本来の私有財産制を回復するべきだと主張している。相続税をゼロにして、遺言の通りに分与できるようにする。また、所得税は十パーセント以上は取らない。するとどうなるかといえば、三代目ぐらいになると、金儲けはもういいから国のために働こう、国のために自分の財産を使おう、という志を持った人が必ず何パーセントかは続々と出てくる。あるいは、私的な奨学金制度を作って青少年の育成に貢献しよう、という人も続々と出てくるであろう。案外それが行政や政治を浄化する近道になるのではないかと思うのである。

3日　与えた親切、受けた親切

「親切を与えた人は黙るべし、受けた人は語るべし」（セネカ）

親切をしたことは言わないほうがいい。親切にされた人は、大いに語るべきである。与えた親切はどうしても言いたくなるものだが、なるべく抑え、受けた親切はなるべく語りたいと私は思っている。

4日　御馳走

仕事を頼まない時に一回御馳走するのは、仕事を頼まなければならないときにする、御馳走の十回に匹敵する。

5日 すぐに着手する

ヒルティは、ずばり「やれ」と説いている。論文を書くなら、ペンを執って最初の一行を書いてしまう。畑を耕すなら鍬《くわ》を握ってひと打ちする。それだけでもう、事柄は格段に容易になるというのである。

まず、やること。それが仕事についてのリズムを創り出す基本である、ということはよくよく心得ておくべきだろう。

6日 仕事は迅速に

「仕事は迅速にすることである。そして、迅速に仕上げられた仕事がもっともよくて、もっとも効果があるというのは、私の持論である。おそらくたいていの仕事をする人たちは、その経験上、この説に賛成であろう」（ヒルティ）

私は卒業論文の指導でこれを嫌になるほど体験しております。とにかく、早く仕上げる仕事はいい仕事です。間違いありません。

7日 志は高く

こういう話を何かの本で読んだことがある。十メートル先の雀を撃つのに、木の枝にとまってるのを撃つのはやさしいが、地面に止まってるのを撃つのは難しい、と。

志や目的もこれと同じで、必ずしも高いところを望んだから難しいということはない。会社でだって、課長になるのとそれから上になるのと、難しさは同じです。だったら、目的は高いところに置くべきだ。

8日 立志と小立志

志を立てたら、次に小さな志について日々工夫することが必要である。

本当の志というのは、そう簡単に立つものではない。建築にたとえれば、立志は建物の骨子となるものであり、小立志は装飾にあたる部分である。ゆえに最初からそれらを組み合わせていくことを考えなくてはならない。大きな志が固まるまでは、小さな志を立てて進んでいくより仕方がない。

9日 貸しをつくる

同僚が困っている時に助けてやるとか、上司に叱られた同僚がいたら、彼にかわって上司に弁解してやる、といったような貸しが組織の中においては必要です。そして、そのような貸しが多い人ほど、人望が出ます。

ただその場合、いくら貸しをつくっても、代償を求めない貸しでなければいけない。取り立てるという意識なしの貸しです。返したければ返せばいい、というような感じです。そして代償を求めない貸しを、どんどんつくっていく。

10日 部下の活かし方

上に立つ人が自分の打ち出した路線を暗唱するような部下ばかりを引き立てていると、部下は自分の才能を押えてしまいがちになり、そのうちに才能がなくなってくる。これは問題。

11日　対話の効能①

情報の収集ということを考えたときに、私が最も重視するのは、尊敬する知人との対話である。

自分と対等、あるいは自分以上に知力のある人で、しかも専門分野で傑出した人。そういった人たちとお茶を飲んだり食事をしたり、あるいは座談でもすることができれば、これは甚大なる利益を得ることができる。

こうした体験は、おそらく誰もが学校生活を通して、多少なりとも持っているはずである。教師や教授、あるいは同級生の面白い話に興味をそそられたり、触発されたことが誰にでもあるのではないか。

12日　対話の効能②

北宋の学者・程伊川の言葉に「一夜君と共に語る、十年書を読むに勝る」というものがある。私は幸い、偶然と幸運によってさまざまな分野の専門家とシンポジウムや対談で巡り会う機会に恵まれた。

そうした経験でいえるのは、該博《がいはく》な知識を持った、優れた一人の専門家と対談すれば、自分の背の丈以上の専門書を読むよりも、はるかにすばらしい洞察やアイデアを得られるということだ。

13日 決断の方法

「不断にあらず、容易に断ぜざるのみ」（伊藤博文）

世の中には、決断を迫られながら、なかなか決断できない問題がある。優柔不断といわれるのを恐れて、十分に納得しないまま決断してしまう場合もあると思う。

そういうとき、私はよくこの言葉を思い出す。すると不思議なことに、ゆっくり時間をかけて考えたり、優柔不断といわれるようなこともあえてできるようになる。経験的にいえば、そのほうが、卑怯だとかグズだと評価されるのを恐れて無理矢理決断するより、いい結果になることが多いようである。

14日 黙想の時間

新渡戸先生は「肉体に食べものが必要なように、精神も食物が必要だ」といっています。精神の食べ物とは黙想のことですが、先生のいう通り、忙しくなればなるほど、人間は黙想する時間が必要だと思います。

15日　今日が最後の日

「各々の日を最後の日の夜明けだと信ぜよ」（ホラティウス）

「今日が最後だと思って一所懸命やれ」という言葉である。この姿勢で日々を過ごせば、人生は豊かなものになっていくであろう。

16日　今日を大切に

人間は自分がやりたいもの、あるいは、やり遂げるべきもの、あれもやりたい、これもやりたいというものを一挙に目の前に置くけれども、人間の力は限られているから、一時に一つしかできない。だから、常に元気に働くためには、今日のことは今日だけしかできないという、そういう習慣でなければいけない。そして、明日にはまた明日のことをやるよりしょうがない。

膨大な計画ばかりを眺めているとあせるばかりでどうにもならないが、今日は今日のことしかできないのだと初めから悟っておかなければいけない。

17日 過去へのイフ

人間は、人生に関しても歴史に関しても、未来に対してばかり「イフ」を考えすぎる。過去に対して、自分の生きてきた来し方についていて「あの時、ああしなかったら、どうなっていたか」という発想が少なすぎる。悔やむためではなく、別の選択肢としての「イフ」を考えることは、思考のために大切。この発想があれば、少しは、いま生きていることに感謝できるはずだ。

18日 感謝の種

感謝というものは非常な力があるもののようです。ですから、うれしいことがないとぶつぶつ言う前に、自分の身のまわりを見渡して、何か感謝することがないかと考えてみれば、いくらでもあります。極端な場合、生まれて来ただけでも大きな感謝に値します。生きていることだけでも感謝できるとみれば、いくらでも感謝する種はあるわけです。

19日 先生を尊敬する①

教育というものは尊敬という管によってのみ伝わるべきものであって、尊敬の念を持って聞けばわかるものが、尊敬しないとよくわからない。だから是非とも親は子供に教育者を尊敬せしめるようにすべきである。子供の前で先生の悪口をいうたびに、その子供の習う能力、教育を受ける能力は下がっていく。先生を悪くいうような家庭の児童が、学校に行って先生を尊敬するわけがないではないか——。

教育者を尊敬するということは、まともな教育を行うための基本にほかならない。

20日 先生を尊敬する②

もし私に取り柄があるとすれば、それは先生を非常に尊敬していたということである。特に大学のときは、私は先生とはみな偉いものだと心から信じ込んでいた。大学というのは自分が入るのも大変だったのに、先生たちはとっくの昔に大学を卒業して大学生に教えているわけだから、畏れ入るしかなかったのである。だから、その言葉の一言一句がありがたく、決して聞き逃すまいと思って授業に臨んだものである。

21日 反復する歴史の型

歴史は繰返さないが、歴史の型は反復して現われる。

22日 耳もとでささやく声

贅沢品を攻撃したり、政治の腐敗を声高に叫ぶ勢力には気をつけろ、と私の個人的体験と、ささやかな歴史的知識はいつも耳もとでささやく。

23日 自分を貫く

「世間がこぞって反対の声をあげるときこそ、にこやかながら確固として、自分の内面から湧き出てくる印象に忠実であれ」(エマソン)

この言葉を知ったとき、わたしはエマソンを読んでいてよかったと思いました。こういう言葉が、人生の分岐点で大きな力になることがあるのです。どこで読んだのか思い出せなくても、ある瞬間に、ぱっと記憶の底から浮かび上がってくるのです。

24日 信念に従う

「善や悪はただの名目にすぎない。正しいものはただひとつ、わたしの性質に従っているものだけだ。不正なものはただひとつ、わたしの性質にさからっているものだけだ」(エマソン)

自分の内から聞こえる声以外は、どんなものも神聖ではない。世間で善とか悪とかいわれるものは、時と場所を変えれば反対のものになってしまう。正しいものは自分の本性に従うことであって、それに反対するものは正しくない、とエマソンはいっています。

25日 古典愛読のすすめ

その人に愛読書としての古典があるかどうか。それがある人とない人、また古典的なものを読んでいる人と、読んでいない人とでは、やはりどこか違う。人間としての深みが、どこか違うように感じられるのだ。

26日 本質を学ぶ

本質的なことを教えてくれる本、あるいはそういう講義があったら、それは非常な時間の節約にもなり、一生を通じての宝にもなると思います。私が今でも上智大学に感謝しているのは、特に一、二年生のころに基本的なことを教えてくれる授業が多くあって、それが一生使えるものであったということです。

27日 孔子と老子

老子の説に深い哲理を見るけれども、もう一つ老子の説で見落しえないのは、それが無責任者の言であるということである。それは政治の要路に立つ人間の生き方ではない。問題をその手で解決しなければならない人は、「柔」だけでやって行くわけにはいかない。剛も武も必要であろう。問題は回避すればよいというわけのものではないからである。それが孔子と老子の差でもある。

28日 人命の見方

人命というのはたしかに大切ですが、そのことだけに拘泥していると、さまざまな価値というものが見えなくなってしまいます。「人命とは泰山のように重く、また鴻毛のごとくに軽い」という両方を、しっかりと視野に入れて判断をする広がりや深みというものが、人間には必要なのです。何が何でも命が大切であるとしてしまえば、命懸けで行うことや守るものがなくなってしまいます。

29日　幸福の原理

豊臣秀吉は家来を召し抱えるときに、その男が運のよい者であったかどうかを重んじたという。秀吉は体験的に戦場では運が大事であることを知り、運のよい者たちを近くに置くこと自体が、幸運を招くことが多いことを知っていたらしい。

30日　いつも颯爽と

私はある編集者に昔、「いつも颯爽としている。いつも颯爽とした晴れやかな気分でいる——そう自分に言い聞かせている」と言ったことがあるそうです。

晴れやかな気分でいると、晴れやかな気分にふさわしい状況が生ずるのです。

7月

若かりし頃からの研鑽の日々が今日の著者をつくった

1日 幸運を引き寄せる①

運のいい人はものすごく苦労する道を選ぶ。そして、失敗したら、その原因は自分にあると考える。全部自分のせいにする。悪いことがあったら、全部自分が至らなかったからだと考える。

2日 幸運を引き寄せる②

たいへんな大成功者になればなるほど、自分は運が良い人間だと強く思い込むようだ。実際に、そう思っている人ほど運がよくなる確率が非常に高い。

よくないことがあっても理屈は考えずに、自分の幸運を強く感じる習慣をつける。これが幸運を引き寄せる一つの大切な要素ではないかと思う。

3日 ほんものの教育

ほんものを教える。ほんものを学ぶ。教育とはそういう場であるはずだが、現実の教育はそこから離れつつある。しかし、ほんものの教育の成果はいつかは力となって表れるものです。運も同じでしょう。（天に）入れた福分はすぐには結果となっては出てこない。だが、入れた福分は冥々たり茫々たる作用によって、いつかは一つの結果を招来するものです。

4日 幸運への王道

何かうまくいったら、自分の力だと思いたいところをそう思わない。反対に、まずいことが起こったら、人のせいとか運のせいにしないで、どうすればそれを避けえたかと考えるのが幸運に至る王道である。そういう発想のできる人が器量の大きい人なのだ。

5日 好転の一瞬

ラテン語の諺に

「神は長き間に拒絶せるものを、しばしば短き一瞬にして与えたもう」

という言葉があります。これは長い間一所懸命やってもうまくいかなかったことが、一瞬にして好転するということです。

十五世紀の修道士トマス・ケンピスが『キリストの倣び《まね》』に書いていることですが、神に拒絶されつづけているときにへタってしまえば、好転する一瞬は訪れません。不遇であろうが不景気であろうが、くたびれずに毅然としていなければならない。

6日 未来の自分

あらゆる苦労は、未来の自分の姿をイメージすれば乗り越えられると思う。

7日　一心不乱

コンサルタント会社として世界で最初に上場株にしたと言われる船井総研の船井幸雄氏は、成功しそうもない会社のコンサルティングは、「必ず成功するコンサルティングはしないことである」と言っておられる。

では、成功しそうな会社とはどういう会社なのか。それは、「企業の規模を問わず、経営者が捨て身であるか、一心不乱であるかどうかにかかっている」と船井氏は言うのである。

8日　使わない井戸は涸れる

井戸というのは使わないと涸れてしまうのです。逆にどんどん使っていると、水は湧き出てくる。人間の頭も同じで、徹底して使っていると新しいアイデアが次々に湧いてくるし、使い惜しんだり、使わなくなると、とたんにダメになってしまうものなのです。

9日　読み、書き、話す

「読書は充実した人間をつくり、会話は機転のきく人間をつくり、書くことは正確な人間をつくる」（フランシス・ベーコン）

確かに、読書は知識の豊かな人間をつくる上でたいへん有益である。一概には言えないにしても、読書を疎《うと》んじる人がとかく見解が狭いということは、よく見かけるところである。

また、ものを書く人は、知識や情報に正確さを期するのみならず、その性格においても正確で几帳面になるものである。いくら頭がよくても、ものを書くことを疎んじると、知識は杜撰《ずさん》に流れやすく、記憶も不正確になりがちである。ものを書くということは、不断に自分の知識をチェックしていることになる。

一方、会話は、頭の血の巡りを活発にするようである。例えば商人や営業マンは、商取引の経験を積めば積むほど、あいづちや話の間《ま》の取り方が上手になる。自分のいいたいことを相手かまわず一方的にしゃべるのではなく、相手の言うことをよく聞いて理解し、間を上手に取って受け答えできる人は、頭の血の巡りがいい証拠と言えよう。

10日 静かなる持続

「毎日、同じテーマについて何時間も着実に仕事をし、しかも一年中ほとんど毎日それをくり返すならば、いかに多くの仕事をなしうるかは、まことに驚くべきものがあります。また、この場合、熱心家であることが必要であり、いろんな方面で自分は人知の増進のためになんらかの貢献をすることになるのだ、という希望を不断に持ち続けなければなりません。そうしますと、まったくつまらぬ機械的な仕事でも本当の楽しみになるものです」（言語学者W・W・スキート）

この中に、永続的な知的生活の秘密はほとんど説き明かされていると言ってもよいかも知れない。ここには知的生活の根本的な営みのあり方が示されている。それはひとくちに言って、「静かなる持続」である。

11日 知的生活の時間割

カントの時間割を見ると、毎朝講義の準備が二時間、講義が二時間、著作が四時間というふうになっていることがわかるが、時間の区切りが最低二時間となっていることが重要な意味を持つ。特に著作のためには四時間を一まとめにしてとってある。小刻みではなく、大きくどっさりひとまとめに時間をとることが、生産的知的生活のコツであることは、著作活動だけに限らない。特にこれが明らかになるのは、絵画とか、自然科学の実験とか、準備に時間がかかることがはっきりした分野であろう。

12日 断片的な時間

本を読むのは断片的な時間がいい、待たされている時間がいい。と言うのは、本というのは、長く読んだからといって、そうそう頭に入るものではありません。私の場合は単語とか例文とかを覚えるような時間とか、それから、本を読む時間に断片的な時間を使います。仕事の違いによって、断片的な時間をたくさん使ってうまくこなしていくのと、大きく取った時間を使うのと、意識して分けてやるべきではないかと思います。

13日 自分の品格

人生でいちばん大事なことは何か、一つあげよと問われたら、私は躊躇なく「できない（やらない）理由を探すことなく、志を保ち、自分で自分を尊敬できる人間になれ」

と言いたい。これが私の考える「自分の品格」でもある。

14日 品格ある顔立ち

品格は形に現われる。「四十過ぎたら自分の顔に責任を持て」とは、リンカーンの言葉だが、まさにこのこと。諦めず、いかなる心構えで毎日を過ごすか。そして自分のやりたいことを突き詰め、それを「一芸に秀でる」レベルまで押し上げると、具体的に「品格ある」顔立ちになっていく。

15日 悪い知らせほど早く

よい知らせは黙っていても耳に入るものである。逆に、失敗したことは報告が遅れがちになる。場合によっては、手遅れになってから報告してくることもある。これは大きな間違いである。悪い通知こそ早くしなければならない。

16日 磁石のような人

役に立つ青年というのは磁石のようなもので、人に頼んで仕事を与えてもらわなくても、仕事のほうから寄ってくるような力がある。「桃李《とうり》物言わず、下《した》自《おのずか》ら蹊《こみち》を成す」という古人の言葉があるように、黙っていても忙しくてたまらないというほど仕事は寄ってくるものである。

17日 シーザー①

若いときのシーザーはどんな人だったのかというと、これが非常に重要なことなのですが、まず「機嫌のいい人」だった。終生、機嫌がいい人で「叱るけれども怒ることはない」と言われています。たくさんの兵隊を使いますから、「だめではないか」と叱ることはあります。しかし怒ることはない。機嫌はいつも上々。

18日 シーザー②

なぜそういう機嫌のいい子ができたかというと「お母さんが非常に可愛がった」のです。「お母さんが可愛がると、機嫌のいい子ができる」というのは本当です。うちの次男の二番目の息子ですが、ほとんど泣かないのです。泣く能力はあるが泣かない。こうした赤ん坊はほかにもいて、そこもお母さんがよく可愛がっています。

健康で、お母さんが大切にすればあまり泣かないのです。シーザーもそのような子供だったらしい。

19日 司令官の条件

第一次大戦後、ヒトラーの出てくる前のドイツ参謀本部の最後の参謀総長となったゼークトは、大戦中の戦場全部を検討して、「参謀本部はこれという間違った作戦をやっていない。ただ、上手くいかなかったのは、司令官が途中でおたおたしたところである」と、言っています。つまり、ドイツ陸軍は完璧なる理想的な参謀をつくることには成功したが、司令官をつくることに失敗したというわけです。

ではどうしたらいい司令官ができるか、と問われて、「それは分からない」と答えています。ただし、これだけは言えるとして、「いつでも上機嫌でいる」こと、「朗らかな気分を維持できる人」が司令官にとっては一番重要である、と指摘しています。

20日 日日是好日

「日日是好日」とは、必ずしも高い位に上ることでもなければ、たくさんのお金を持つことでもない。毎日毎日、明るく朗らかな気持ちで過ごして、「今日も好い日だったなあ」といえるような生活を送ることである。これは紛れもなく本物の出世の一つの形である。平凡な話に聞こえるが、「日日是好日」と自信を持っていえることは、実は素晴らしい境地にあるということである。

21日 求める

求めるということはなによりも大切なことです。求める気持ちが多くのものをもたらす。

22日 希望達成の方法①

道は近きにあり

希望を達成する一番の近道は「思う」ということである。「学ぶ」ということはよくいわれるが、「思う」ということを忘れている人は少なくない。「学びて思わざれば則ち罔《くら》し」なのであって、学ぶだけでは足りないのである。「思う」ということはすぐにできることだが、実はそこに希望を達成する源がある。だから「道は近きにあり」なのである。

23日 希望達成の方法②

三年間の辛抱

とにかく三年間、真剣味を維持して努力を続けてみなくてはいけない。そうするとまた別の道が開けてくる。人生五十年というけれど、わずか三年間の辛抱ができるかどうかで、一生が幸福な人生となるかどうかが決まるのである。

24日 希望達成の方法③

我を主とする修養

　ある事態に対して自分がどう考えるかが重要である。つまり、自分を修養の主体として自らを善くすることが大切なのである。それが世にいう「人事を尽くす」ということである。まず人事を尽くして、そののち「天命を待つ」ことが大切である。その意味で「天命を待つ」とは、他力的な修養ということができる。

　希望の達成にはこの両方が必要だが、順序としては自主的な修養から入らなければいけない。

25日 自己内発的な夢

　自己内発的な夢というのは、そこに喜びがある。喜びを抱いて努力することが、運を呼び寄せ、人生を開く鍵になると思うのである。

26日 視覚のつくるイメージ

H・G・ウェルズというイギリスの作家がいる。彼の家は貧乏で、お母さんは立派なお屋敷の住み込み女中をやっていた。やがてそこに行ったウェルズは、女中の息子だからと肩身の狭い思いをする。ところが、晩年になって彼いわく、それがよかったのだと。こんな生活もあるのかと思って見ると、具体的に理想像が目に浮かぶ。そうすると、将来自分も、という気になるらしい。そして彼はのちに、その理想を実現させた。

〝見る〟と容易にイメージがつくれるものである。そうすると、実現も比較的容易になるという法則があるようにさえ思われる。

27日 記憶こそが自分

記憶は、反芻することによって定着し、磨かれ、鮮明になる。記憶力のいい人というのは、頭のハードウエアがいいのではなく、この反芻の度合いが多いからではないかと思うことがある。

家庭も親も、その存在の本質は「記憶」以外の何ものでもない。人間の細胞は日々入れ替わっていくなか、記憶だけが続いている。自分というものは「記憶」以外の何ものでもないというのが、私の最近の確信である。

28日 適応能力を鍛える

「適応能力は鍛えなければ駄目だ。生物の価値は適応能力の高さにある。人間が自分で適応能力を高めるためには、意志の力が必要だ。寝たいだけ寝て、食べたいだけ食べたらどうなるか。適応能力がどんどん下がっていく。だから空腹に耐え、眠たいのを我慢して仕事をすることも重要である」

――アレキシス・カレルの言葉

29日 人間の機能

革靴の底に昔はかかとが減らないように金具を打ちました。しかし、しばらくすると靴の底は確実に減りました。しかし、人間の足は生涯、減りません。特に私らは昭和二十年の秋から勤労動員で、戦争が終わったのに山の奥で伐採をやらされました。靴はすぐに駄目になり皆、裸足で山道を駆け巡りました。その結果、足の裏は減るどころか厚くなる。これが人間です。だから使わなければ人間の機能は衰えていくのです。

30日 有名校を目指せ

「なぜよい学校に入ることがそんなに大切なのか」と聞かれたある予備校の先生は、「よい学校を出ると、卒業後に腕を振るえる自由度が大きくなるからです」と答えたという。この言葉は佐藤一斎の「少ニシテ学ベバ、壮ニシテ為スアリ」のすぐれた現代語訳であると言えよう。

31日 本を読む人の特長

「学問は性行を和らげ、かつその乱暴なることを許さず」は、学問をすると性格が穏やかになることを指摘した言葉である。これは体験上、頷ける指摘である。ある程度学問をした人、あるいは名門といわれる学校を出た人で、かつ本を読み続けている人は、どこか温和なところがある。これは本を読む人の特長といってもいいだろう。

8月

寸暇を惜しんで読書に勤しむ

1日　他力による自己革新①

ある男が偉い事業家のもとで一所懸命働いた。数年して会ってみると、もとは平凡だと思っていた男が、見違えるように立派になっていた。どうしてそうなったのかといえば、その男が仕えた実業家が偉かったからである。平凡であった男は偉い実業家について一所懸命に見様見真似でやっているうちに力をつけ、傍から見ると見違えるほど成長したというわけである。

これが露伴のいうところの他力による自己革新である。

2日　他力による自己革新②

他力による自己革新を成し遂げるには何が必要なのか。それには、まず良き師を認めなければならない。良き師を認め、その師に打ち込むことが必要なのである。

谷沢永一氏は「学問の道で多少でも事を成した人は必ず良き師に恵まれている」とおっしゃっているが、これは紛れもない事実であろう。

3日 自分のテーマを持つ①

私は英語学者だが、専門分野にはこだわらず、経済や政治や歴史などの話をよくする。だから、人から、どうしてそういうことにも強くなったのか、あるいは、どうやったらそういう知識を身につけることができるのか、などとよく聞かれる。そのつど、私はこう答えることにしている。「それは、自分が持った興味や関心を抑えなかったからだ」と。そして、たえずそのことについて考えてきたからなのだ。

4日 自分のテーマを持つ②

つねに社会のいろいろなことに関心を持ち、その対象に対して自分の考えを持つクセ、観察するクセをつける。どんなにつまらないことでもかまわない。とにかく、あらゆることに興味を持って、自分の視点で考える習慣を身につける。自分自身のテーマを発見するには、とにかく「自問自答」する習慣を身につけるとよい。それはそのままそれが、ひいては知的生産を強力にサポートする技術になるのである。

5日 競争原理

競争は確かにしんどい。だから、ともすれば競争がない状態をつくろうとする。だが、競争がなくなると、外部からであれ内部からであれ、崩壊がやってくる。

6日 運を呼ぶ二つのひも

露伴は『努力論』の中で、人間が自分に運が来るように引っ張るとき、二種類のひもがあると言います。一つのひもは、絹のやわらかい、いいひもです。引っ張っていると気持ちがいい。しかし、そういうのを引っ張っていると、だいたいろくでもない運が引っ張られてくる。もう一つのひもは、力を入れて引くと手に傷がつくようなひもです。しかし、苦労して引っ張っているといい運が出てくる。

このたとえで言うように、運というのは自分の都合のいいような解釈をしているようでは来ないということです。

7日　若さと蛮勇

明治時代、最高の知恵者と言われ、考え深さの点ではほかの維新の元勲を圧していた伊藤博文も三十歳ぐらいまではめちゃくちゃな男で、暴れん坊、向こう見ずで通っていた。それが三十歳を過ぎたころから、物事の本質を見極めるまでじっくり考えるタイプに変身し、当時としては断然第一流の考え深い人間になった。

若さの特権とは、時として、こうした最も危険な要素を無視して決断を下すところにあるのではなかろうか。若さと蛮勇がない人は、一業を興す人にはなれないのである。

8日　プラス志向

何ごとについても単に防御的、あるいはマイナスであるよりは、積極的、進撃的であるほうが気分的にもいいわけです。今のはやりの言葉で「プラス志向」と言ってもいいかもしれませんが、新しい習慣をつければ、すなわち進撃的、積極的であれば、それに成功するたびに、愉快を感じるわけです。悪い習慣をなくそうというだけでは、それは大変なことですから、あまり愉快な感じにはなりません。

9日 心眼を開く ①

「心眼を開く」という言葉がある。

心眼が明らかになると、「居ながらにして勝ちを千里の外に決める」ような感じが出てくると野間清治はいう。たとえば、わざわざ外国まで行っても、その上っ面しか見ることのできない人がいる。それは心眼を開いていないからである。心眼を開けば、わざわざ外国に行かなくても、その国のことが手にとるようにわかるようになる。

10日 心眼を開く ②

「心眼を開く」ためにはどうすればいいのか。自分の心の中が世の中だと思えばいいのである。そう思えば、なんでも自分の自由になる。自分の心の外にあるものを世の中だと思うから、事物の奴隷になってしまうのである。だから自分の自由になるもの、つまり自分の心の内側にあるものを大切にすることが重要だ。自分の自由にならない外のことにウエイトをかけてしまうから、心がそちらに動かされて、物がよく見えなくなってしまう。その順序を逆にしなくてはいけない。

11日　志を遂げる

志を遂げることを戦前の人は率直に「偉くなる」「偉人になる」と表現していた。「偉人」「成功者」というのは決して総理大臣になることだけをいうのではない。コンビニの仕組みを考えた人、カメラ会社をつくった人、よく人に奉仕した人、相撲取りになった人、軍人になった人にも、偉人や成功者は存在する。それぞれの人にいろいろな成功への道があるのである。

12日　憧れを持つ

このごろは、偉い人とか尊敬する人を口にすることを恥ずかしがります。しかし、これはよくないことです。

青年はやはり憧れとなる人間の像を持つべきです。そのとおりになるとはかぎらないけれども、その人にならおうという気持ちがあることは、プライベートな生活でも、公の生活でも、きわめて重要なことだと思います。

13日 実業家と愛国者

実業家といえども忠君愛国が重要である、と渋沢は考えている。「自分の国が他の国よりも栄え、豊かになり、強くなることを願うのは当然自然の念である。これを思わないような人間は商売をやってはいけない」と言うのである。

こうした意識は今では薄らいでしまった感があるが、基本的に国の害になるような動き方をすべきではない。これは重要な指摘であると思う。

14日 富の源

富は自分の知恵と努力だけではなく、社会の発展がもたらしてくれたものと考える――。この発想は個人の欲の追求に一定の歯止めをかける考え方にもなるはずである。

15日　敗戦の原因①

明治と昭和の軍人の大きな違いは、明治の人は、戦争を始める前からいつ止めるかを考えていた、という点である。だから日清戦争でも日露戦争でも、二年と続いた戦争はない。ところが昭和に入ると、とにかく逸《はや》ってしまって、いつ止めるということを誰も考えていない。支那事変でも英米との大東亜戦争でも、戦争を始める前に止めることを考えておくという発想がなかったから延々と続き、結局は物量の差によって敗戦に追い込まれてしまったのである。

16日　敗戦の原因②

先の大戦に敗北した一番の理由は、そもそも戦争が始まる前から意志の統一がほとんどはかられていなかったところにある。陸軍の考え、海軍の考え、外務省の考え、そして首相の考えがばらばらであった。首相が左翼に動かされているとか、戦争が始まれば陸軍と海軍の調和がなかなかとれないとか、非常にギクシャクしていた。東条英機首相はリーダーシップを発揮したいと思っても、現役の陸軍大将でもあったから、海軍には何も口出しできなかった。つまり、負けるべくして負けたというわけである。

17日 仕事と遊び

本当の仕事というのは真面目に夢中になってやれば、比較的飽きないものであって、そこからの疲労は意外に早く回復する性質のものであり、永続的な喜びが生ずるものだ。それに反して、遊びというものは、意外に早く飽きがきて、意外に早く疲労がおきて、またやりたいという気持ちになるまで相当時間がかかる。

18日 やればやるほど

私は若いころ、非常に将棋も好きだったし、相当強くもありました。特に夏休みなど、最初のころは一生懸命やるわけです。ところが、棋士になるつもりは全然ありませんから、二日か三日であきてしまいます。ところが、勉強のほうは、やればやるほど面白くなってあきません。真面目になって本気で打ち込めば面白くなるのが仕事の本質であると、ヒルティは喝破しておりますが、そうでないものは趣味だと、こう思うべきなのです。

19日 アマとプロ

アマチュアとプロはどこが違うか。

アマチュアは将棋をやってもスキーをやっても、やっている時は一生懸命になるが、プロはやっていない時も一生懸命である。気を散らすような雑務をやってはいけないというのは、まさにそこなのです。絶えず働き続けるということです。

20日 人間の精神

人間の精神というのは、仕事に没頭するという本当の勤勉をマスターすると、休みなしに働き続けることができます。

21日 勤勉の習慣化

ヒルティは繰り返すことの大切さを強調している。「とにかくやる」「すぐに始める」「先延ばししない」――これらを繰り返せば、必ず勤勉は習慣化されるのである。

22日 善と悪

世の中の善とか悪は状況次第で変わるものである。それを知っておけば、事をなすときに迷う必要はない。

23日 すべてを自分のせいに

自分が教師となって学生を見ていてもわかることだが、すべてを自分のせいにして受け入れることができる学生は数少ない。それゆえ、そういう姿勢を続けていると、しばらくすると必ず先生が目を留め、気に入ってくれることになる。

高い地位に就くようになると、あるいは年を取ると、こうした心掛けは忘れがちである。しかし、どういう立場になろうとも、いかに年齢を重ねようとも、「すべてを自分のせいにする」という露伴の教えは頻繁に思い出して損のない教訓である。

24日 蒔いた種に花が咲く

大切なことは、変えられる運命というものは、すべて自分が蒔《ま》いた種だと考えるべきであるという点である。では、その蒔いた種はどこにあったのかといえば、潜在意識の中にあったのである。潜在意識にあったものが現実化するのだ。善きにつけ悪しきにつけ、「みんな自分が蒔いた種に花が咲いた」のである。

そこに気づかないで、世間が悪いとか自分はついていないといったところで決してよい人生は送れない。

25日 のっぺらぼうの人生

人生の忙しさの中には「人生の手応え」「生の手応え」といったものもあるのではないかと私は思います。忙しいと思うことが何もなく、毎日毎日穏やかに生きるというのは、ある意味で「のっぺらぼうの人生」だと思うのです。そういう中にずっといて、本当に時間を尊いものだと思えるのだろうか、という疑問もあります。

26日 人生の手応え

誰でも経験することでいえば、子育てなどはそれこそ毎日が人生の手応えだらけでしょう。そういった手応えを感じていれば、セネカのいうように「忙しいのは時間を奪われただけ」というマイナス感情を抱く必要はないはずです。

忙しいだけで流されるように時間が過ぎていくという生き方は問題ですが、忙しい中にも人生の手応えを感じるような生き方であれば、それは決して無駄にならないと思います。

27日 二河白道

私が大学生のときに、国文学の先生から「二河白道《にがびゃくどう》」という言葉を習ったことがある。これは救いに至る道について述べた言葉である。片方には火の河があり、片方には水の河がある。その二つの河の間に細い白い道がある。後ろからは盗賊や猛獣や毒虫が追っかけてくる。水波と火焔が休みなく、かわるがわる白道を洗い流している。そこを一心に念じて進むのが宗教の道だというような話を聞いた覚えがある。

どちらに落ちてもいけない。火の河は瞋《しん》恚《い》（怒り恨む）、水の河は貪欲のたとえだそうである。

宗教の道だけではなく、人間の道というのも実は二河白道なのではないか。幾何学的精神だけだと死の壁によってすべてが終わってしまうし、逆に、繊細なる精神だけを重んずると、とりとめのない迷信、あるいは確信のある迷信に陥ってしまいかねない。したがって、人間の生き方としても、幾何学的精神の河と繊細なる精神の河という二河の細い白道の間を通らなければならないわけである。

28日 理想の死に方

私の理想とするのは、カール・ヒルティのように、何も整理しないまま、最後まで現役のまま死んでいくことです。

整理はあとに残った人に託して自分は完全燃焼して死ぬ。私はそういう生き方を望んでいます。生前にすべてを片付けてから死のうとは思いません。本の上で、うつぶせになって死ぬのが一番いいと思っているのです。

ただその場合でも、死んだあとに突如として借金が出てきて、あるいは税務署がやってきて、住んでいる家から後に残された家内が追い出されるというようなことだけは絶対にしてはいけない。それが私の死に関する哲学です。

29日 グッド・ルーザー

負けたのなら敗者らしく堂々としていればいい。十分に戦ったのなら、何も卑下《ひげ》することなどない。昔から勝敗は時の運という。勝つ時もあれば負ける時もある。負けたからといって相手を恨むのはナンセンスだ。負けたら潔く負けを認めて降参すればいい。

ただし、前提がある。それは自分の言い分がある時には徹底的に戦わなければならないということだ。しかし、戦って分がないとわかれば、変に意地を張らずに潔くあきらめる。これが英語でいうところのグッド・ルーザー、負けても怒ったりしょげたりしない人になれ、という思想だと思うのだ。

30日 何をするかが問題

どういう本を読んだとか、どういう勉強をしたとか、どういう先生についたとか、そんなのはほかの人から見ればどうだってかまわない。あなたがどういう行為をするかなのです。これは、羊か牛で言えば、よい乳を出すかどうかだけの話です。これは私の自戒の言葉です。

31日 孤独を楽しむ

何歳になっても、知的生活の中心は、孤独で考えたり瞑想したりする時間、孤独で本を読む時間、孤独で作業する時間である。一日何時間か、まったく孤独でいても心楽しいという気質ができていないと、知的生活は成り立ちにくいと思う。

9月

「接物宜従厚」（物に接するよろしく厚きに従うべし）

※「物に接する時には、なるべく柔らかみと温かみを持つようにしたい」という意。幸田露伴『努力論』より

1日 成功者の条件

「偉大な人びとはいつも、自分が生きる時代の精神に子供のように身をまかせてきた」とエマソンはいっている。偉大な人は、自らの置かれた境遇にはいっさい文句をいわず、その中で最善の努力をする。これは古今東西、昔も今も変わらない成功者の条件といっていいだろう。

2日 最善を尽くし終える

「精魂こめて自分の仕事に励み、最善を尽くし終えたときに、人間は安堵を感じ、明るい気分にもなる」（エマソン）

事業でも学問でもいいのだが、何かをはじめたのなら、そこに一念を込めて一所懸命に取り組まなくてはいけない。そうやって何もかもやりつくすと、心が落ち着いて、明るくさわやかな気分が生まれてくるようになる。

そうした陽気な気分が、その人を成功へと導いていくということもよく耳にする話である。

3日 運命の舵

私は外国語を勉強するのが専門だから、外国で勉強したいなと常々思い続けていた。暇を見つけては外国の地図を広げて、あの町やこの都市、山や河などに思いを馳せていた。そうすると、そのうちに、ロンドンの街並みを歩いたり、郊外を散歩したりしている気分になったりした。そういうときには、知らず知らず、そちらのほうへ運命の舵が切れている。

自分のいい姿を思い描く瞬間を多くすれば、運命の舵の切れ具合が大きくなり、本当に進路をそちらへ向けることができるのだ。

4日 運は動く

私がかつて読んだ本の中に「断固として行なえば運が動く」とあったが、私の経験から言っても、これほど真実なことはない。動かない人に運は生まれようもないし、好運のめぐりようもないのである。

5日 インスピレーション①

「インスピレーションは決して空虚な心には与えられません。それを得ようと血のにじむような苦心、努力をしている心にのみ与えられる尊い賜物です。無から有は生じません。長い苦しい努力なしに、ただの思いつきなどというものはないのです」（アインシュタイン）

得てして人は結果のみを見て、ほめたりけなしたりする。大切なのは血の出るような苦労をした筋道である。商品開発にしろなんにしろ、それは同じことだと思うのである。

6日 インスピレーション②

結局、仕事をしない人間にインスピレーションは来ないということだ。たとえば、私に商売のインスピレーションが来ないのは、商売をやっていないのだから当然だ。戦場に行かない人間は、ナポレオンのインスピレーションに与《あず》かることはできないし、絵を描いたことのない人間に絵のインスピレーションが来るわけがない。優れたインスピレーションは、仕事をして初めて下りてくるのである。

7日　運のいい人の考え方

失敗や不運を自分に引き寄せて考えるということを一生やり続けた人間と、それを運命のせいにして何もしない人とでは、運のよさがだんだん違ってくるのではないか。運すなわち、最終的に成功した人というのは、何か失敗したとしても、人のせいにするよりは「自分がこうしたならば」と考える人なのである。

部下が命令を聞き間違えて失敗をした場合などでも、「もっとこういう注意をしておいたらよかったのではないか」と反省をする人なのである。ところが、一方には、「失敗したのはあいつが悪かったからだ」とすぐに考えてしまう人もいる。

こうした態度の違いは、長い間に大きな差になって、運のある人とない人の差に、つまり成功する人と失敗する人の差になって現れることになるのである。

失敗したことをどのようにとらえ、考えるか。そのときの姿勢が成功者をつくり、また、失敗者をもつくるのである。

8日　正道を歩む

孔子の『論語』（泰伯《たいはく》第八）に、「邦《くに》に道なきときに栄えるのは恥であり、邦に道あるときに栄えないのも恥である」という主旨の言葉がある。この言葉に則るならば、松下幸之助さんがその長い活動時期を通じて繁栄できなかった時期が、敗戦の昭和二十年から二十五年までであるということはきわめて象徴的だ。

松下さんは終始一貫して堅実な正道の実業家であって、決して闇屋ではなかった。したがって、闇商売が大手を振るう時代には栄えることができなかったのである。

日本の敗北は松下さんの責任でなく、戦後の混乱も個人の力ではいかんともしがたい。いわば、松下さんにとって敗戦後の占領時代は地震や津波のような天変地異に見舞われたようなものである。であるから、この時期に栄えなかった人は、まともな企業人であった証明だとして、むしろたたえられるべきであろう。

9日　停滞主義者

商業というのは、競争が本質です。競争というのは自由と同義語です。商業の中にある本質的な自由。多少行儀が悪くとも個人個人が生き生きしている社会より、とにかく騒ぎがなくて、一見整然としている社会のほうがいいんだと考える、いってみれば停滞主義者には商業は目障りなんです。この停滞主義者というのは、右翼左翼を問いません。案外革新とか改革とかをしきりにいうのが停滞主義者だというのは、歴史を見ればよくわかります。

10日　平準化の弊害

上と下を平準化するのがいいことなのだ、という思想。これはぜひとも払拭しなければならない。能力のあるやつはどんどん稼いで、金持ちになれるようにしないといけません。そうでないと、国全体が活力を失い、やがて天の一角から競争者が現れて、ひとたまりもなくやられてしまうことになる。敗者の救済は、あくまでも救済の原理でやるべきでしょう。

11日 お金の法則①

金持ちはどうして金持ちになったのかといえば、彼らは本気で金持ちになろうという意欲を持ったからだ。決して「金なんかなくたって生きていける」とか、「お金が人生のすべてではない」などといって、お金を軽蔑したりしていないはずだ。

アランは、〝お金を崇拝する人のところ〟へお金は行くものだ、とまでいっている。まさに至言だろう。崇拝し、強く欲するからこそ、お金を儲ける手立てが引っかかってくるのであり、儲けるコツがわかってくるのである。

12日 お金の法則②

若いころ社会主義、共産主義の学生運動家、組合運動家として活躍したのちに経営者になった人たちがいる。私の観察では、こういう人たちの共通点は私財が少ないところにある。

考えてみると、この人たちは若いころ学んだ社会主義、共産主義の原理が頭のなかに残っていて、何となく心の底に「儲けることは悪いことではないか」というわだかまりがあるのであろう。心の底で自分の富をはねつけるところがあって、別に貧乏するわけではないが、正当に得るべき利益が身につかないのである。

13日 リーダーと自己犠牲

危機を感じ取らせるのはリーダーの役割である。それには、リーダーは自己犠牲を払わなければならない。生半可な自己犠牲では駄目である。徹底した自己犠牲である。

14日 正しいとは無欲のこと

北条泰時が明恵《みょうえ》上人を訪ねて教えを乞うた。

「自分が一生懸命努力しても他の人が従わないときはどうしましょう」

それに答えて明恵上人は説いた。

「それは難しいことではないですよ。あなたの心にあるのです。昔の人も〝その身直ければ影もまた直し〟といっています。その政《まつりごと》が正しければ、国が乱れるものではありません。正しいとは無欲のことです。それはあなたの心にあるのみですよ」

泰時は深くこの言葉に感じて、よくこれを実行して武家政治の基礎を築いた。

15日 二種類の時間

カレルは時間には二種類あるという。外なる時間と内なる時間である。

外なる時間とは太陽の周りを地球が一周するといった宇宙を基準にした時間である。カレルはそれとは別に、人間の体の中には別の時間、内なる時間が流れているという。

たとえば、皮膚に極めて浅く一センチの長さの傷を負ったとする。子どもは一日もあれば治ってしまう。ところが、老人は一週間経ってもなかなか治らない。明らかに子どもと老人では体の中に流れている時間が異なるのである。

16日 時間と向上心

人間が伸び、向上するときは、やることがいっぱいあって、なかなか時間が経たない。それだけ内容価値がある時間を過ごしているのである。だが、やりたいこと、やることが少なくなってくると、時間の内容価値は薄れ、速く流れるようになるということである。

内なる時間、体で感じる時間の流れが遅いか速いかは、年齢によるばかりではない。向上心のあるなし、そのためにどう活動しているかで決まるのである。

17日 愛読書

本というのは不思議なもので、買えばよいというものではありませんが、買わなければまただめなものです。買って手元に置いてこそ、愛読書となっていくのが本の特性のようです。

実際、無理をしてでも本を買い続けるということをしていない人が、知的に活発な生活をしている例はほとんどないようです。本は、すぐ読めるものではなく、またいつになったら読めるか分からないこともあります。しかし、すぐには読めそうもない高価な本を買って、空《す》きっ腹をラーメンで抑えるというのが、知的生活の出発点なのです。

18日 本を買う

その本を買うために金が足りなかったら、アルバイトをして金を得て買った方が、図書館から借りるよりは、結局、時間の節約になると思う。

19日 神話と考古学

日本人が建国の歴史を知らないのは、占領軍が日本の神話を否定しようとしたこととも関係しているでしょう。

神話ですから、その通りの歴史的事件があったとは誰も思いません。しかし、日本は神話から成り立っている国です。神話を自分たちの先祖の話として伝えてきた国なのですから、これは無視するわけにはいかない。

ところが戦後教育では『古事記』『日本書紀』といったものを全部省いてしまいました。その代わりに石ころを見る考古学が入った。考古学が悪いわけじゃないけれど、考古学では歴史の代わりにはならないのです。

20日 日本人の総本家

『古事記』や『日本書紀』を教えると、皇室は神代から真っすぐ続いていることがわかる。それを中心として日本人はこの島に住んでいたから、皇室からいろんな家が分け出《い》でた。源氏も平家もみんなルーツは皇室につながります。そうすると、日本人全員が親類になって、その総本家が皇室なんだというふうな見方ができるわけです。

このように日本の本質は神代から絶えることのない系統を中心とした国であるということです。

21日 ものの見方

「それを自然、宿命、運と呼べ、これらはすべて同一の神の名である」(セネカ)

自然といおうと、宿命といおうと、運といおうと、それらはすべて同じものだといっている。すべて受け取る側の見方次第だということである。

22日 レッテル貼り

否定的なレッテルを貼られると、それによって評価が左右されることもあります。ある人の本の中に「スペインは悪いことをしたというレッテルを世界中に貼られたために、スペイン人はしょげてふるわなくなった。一方、イギリス人はうんと悪いことをしているのに、イギリスはいい国だと言われるから今でも大きな顔をしている」という趣旨のことが書いてありました。国家についても個人についても、どういうレッテルを貼られるかというのは重要なことです。

23日　生活心得①

「みんな畳一枚に寝て三食死なない程度のものを食えばいいではないか」と言うと文化の否定になるけれども、その極限の尺度を時々頭に浮かべないで生活をすることは危険であると思います。永久に生きるわけではない。着物をいくら買っても、毎日、二回着替えても、一年かかって七百着しか着れません。だから、需要のぎりぎりの範囲ということは時々念頭に置いて生活すべきです。

24日　生活心得②

おいしいものを食べるのはいいし、快適な着物を着るのもいいと思いますが、これもやはり程度の問題で、あまりそれを言うのは卑しいという発想は必要だと思います。また、グルメはいい、ワイン通もいい。しかし、グルメぶったり、ワイン通ぶったりすることは卑しいことだという発想を、どこかに持ったほうがいいのではないかと思います。

25日 病気の心得

「病気というのはそれこそ天の一角から来た衝撃みたいなもので、それを恨んだり慌てたりしたらきりがない話だけれども、受け取り方によっては、これこそいつもは絶対できないような静かな反省と安静の時間を与えられたものだと思ってこれに対応せよ」——ヒルティの言葉

26日 死ぬまでは生きる

生きているうちに死んだあとのことを考えるのではなく、死ぬまでは生きられるように生きて、そのときが来たらぱたっと死ぬ。それでいいと思っています。本なども、机の上や床の上に積み上げたまま死んだとしても、一向に構わないと思っているのです。

27日 交際術の極意

「交際の術にはいろいろあるが、その一番重要な点は、付き合うときに自分が相手に対して敬意を持っていることである」と渋沢栄一は言う。ただ、敬意といっても堅苦しくなるばかりでは仕方ないので、愛想よくするなど、ある意味での術は必要だが、基本的には敬意が必要である。それは、遊びの場においても同じである。

28日 忠恕の心

昔から偉いお坊さんは、一滴の水でも単に捨てるのは殺生だといった。同じ水を捨てるにも、畑にかけたり鉢植えにやりなさい、と。これが忠恕《ちゅうじょ》の心である。忠とは真剣、恕とは思いやり、ものすごく真剣にやると同時に相手の立場も考えてやるのが忠恕である。これが世渡りには大切なのだというのである。

29日　渋沢家の教育方針

一．子弟の教育は同族の家道盛衰の関する所なり。故に同族の父母は最もこれを慎みて教育の事を怠るべからず
一．父母たる者は居常その言行を慎み、子弟の模範たることを務め、かつ家庭の教育に厳正にして子弟の性質を怠惰放逸ならしむべからず
一．凡そ子弟は幼少の時において世間の艱苦を知らしめ、独立自活の気象を発達せしむべし。かつ男子は外出の時はなるべく歩行せしめてその身体の健康を保護すべし
一．男子満十三歳以上に至らば学校休暇中に行状正しき師友と共に各地を旅行せしむべし
一．男子の教育は勇壮活発にして常に敵愾の心を存し、よく内外の学を修めかつその理を講究して事に当たりては忠実にこれを遂ぐるの気象を養わしむべし
一．女子の教育はその貞潔の性を養成し、優美の質を助長し、従順周密にしてよく一家の内政を修むることに馴練せしむべし

（渋沢家家訓・子弟教育の方法より抜粋）

30日 愛して労する

昔の日本では必要のなかったことが今は必要になっている。その原因は「愛しては、能く労すること」がなくなっているからである。愛すれば労せしめなければいけない。すなわち、子供はこき使わなければいけない。苦労させなければならない。それがいつの時代でもいい子を育てる一番の方法なのである。

10月

日常の雑事を離れて心を静める

1日 運命を開拓する

努力をしたからといっていつも成功できるわけではない。渋沢栄一も、「広い世間には、成功すべくして失敗した例は幾らもある」といっている。そして知者は自ら運命を作るというが、運命だけが人生を支配するものではない。やはりこれに知恵が伴って初めて運命を開拓できるのである。

2日 誠実に努力する

人生行路はさまざまで、一律に論ずることはできないが、長い間には善悪の差ははっきりと表れてくるものである。だから、成功の是非を論ずるよりも先に、まず自ら誠実に努力するのがいい。そうすれば、公平なる天は必ずや努力を続ける人に幸いして、運命を開拓するように仕向けてくれるだろう。そして、道理にのっとって一身をやり遂げれば、成功失敗など問題ではない、それ以上の価値ある一生を送ることができるだろう。

3日 将来性の判断

将来性をどうやってみたらいいかと大ざっぱに言うと、古い見方に一度立ってみること。古い見方に立ってみてその感覚からいえば少し「怪しげだな」というところに可能性がある。ただ一つ注目すべきことは、怪しげなものには、単なる怪しいだけにすぎないものが山ほどある。

4日 人生の碁

人生というものは例えて言えば、碁のようなものだと思います。死に石だと思っていた石が、最後には生き返ることもあります。しかも人生の碁というのは、碁盤が一つではなく、本人の努力次第で、もう一つ碁盤を継ぎ足すこともできる碁ではないでしょうか。だから、ある時悪い、と思っても、しばらく経つと、その考えが「良かった！」となる経験を私は何回もしています。

従って、大学受験に落ちても、縁談に失敗しても、この失敗がなければ、次の幸運が訪れることはなかった、と思うことにしなさいと若い人たちに私は忠告しています。

5日 私利と公益

私利よく公益を生ずる。公益を生ずるほどの私利でなければ、本当の私利ではない。

6日 小さな善行

お金がない人は大きな善行はできないかもしれない。しかし、工夫をすれば、小さな善いことはできる。

小さなお金の使い方で、私が一番感銘しているのは、ヒルティである。ヒルティは決して貧乏ではないが、大学の先生であるから、それほど大金持ちではない。彼は慈善事業をやりたいと考えて、孤児一人分の教育費を出すことにした。その孤児が一人前になって仕事に就けるまで援助をすると、今度は別の孤児のためにお金を出した。一回に助けているのは常に一人しかいないけれど、それを一生続けた。これも工夫のよい例である。

7日 貧しさと心

「少しを所有する人が貧乏なのではなく、更に多くを欲する人が貧乏なのである」(セネカ)

小さな財産でも満足していれば、その人は貧乏とはいえない。

貧しさとは心掛け次第で決まってくるということであり、いくら所有していても満足を知らなければ、その心は貧しいということになる。

8日 飢えと人間

人類がこの世に誕生して約四十万年。そのうち、三十九万九千九百年間、人類は飢えの中で過ごしてきました。大部分は飢えに耐えてきたのです。豊かさを享受するようになったのはごく最近のことです。それで飢えの中では生の本能が刺激され耐性ができていますが、豊かさには抵抗がありません。

わがまま、引き籠もり、自分勝手といったどうしようもない人間が多くなっているのは、豊かさに対する抵抗欠如の結果です。飢えの厳しさは人間に不可欠なものなのです。

9日 自分を捨てる

彫刻するときには、大理石の多くをけずって捨てなければ求める像が出てこない。人生における自己実現もおなじことで、真の自分を実現するためには、多くの自分を捨てなければならない。それはすべて苦痛をともなうはずである。

思いきって成長しようとする場合、ほんとうの生きがいを求める場合、苦痛や悲しみは必然的にともなうものだといってよい。

10日 生きがいの追求

生きがいというものは、追求していく段階でいろいろなものを捨てていかなければなりません。その場合、自分の周囲にあって慣れ親しんだもの、愛着のあるもの、満足を与えたものも捨てていかなければならない時があるのが現実です。しかし、そういったものを捨てながらも、心の中では確かな充実感や新たな喜びが生まれてくるのです。

11日 ひらめきを大切に

「天の一角から、ひらめくものがあった」とよくいわれるが、おそらく、あらゆる成功者に共通するのは、この「ぽっと頭に浮かんだひらめきを大切にする」という姿勢を持っているところであろう。

12日 ひらめきの条件

ひらめきの条件は、いつも絶えず考えていることである。科学者が自分の直面している問題を絶えず考えている。しかし、いくら考えても答えが出ないという状態で、気分転換でもと散歩をしたり、入浴したり、あるいは眠りについているときに、ひょっと答えが浮かんできたという話をよく聞く。

大事業家の伝記を読んでも、寝ても覚めても考えていて、ふとした瞬間に事業を飛躍させるヒントが浮かんできたという話がしばしば出てくる。

13日 スランプ

イギリスの名宰相チャーチルも若いときから好不調の振幅が大きい人だった。困難に耐えて対独戦を指導し、ついに勝利を手にした最大の功労者だが、勝利をつかんだ直後の選挙で落選してしまうのである。その前も初選挙のときに落選し、その後も落選している。一度や二度の落選でないのだ。

そのとき、チャーチルはどうしていたか。絵を描いたり歴史を書いたりしていたのである。そして、次の選挙で復活し、首相の座に再登場することになるのだ。彼の生涯はそのパターンの繰り返しだった。

不調のリズムに陥ったとき、それを恨み、こだわっていては、かえって不調の振幅を大きくし、その波に呑み込まれて視野を狭くしてしまう。

腐らず恨まずこだわらず、距離を置いて余裕を持つ技術が大切である。

14日 自分自身の古典

イギリスの哲学者ベーコンは、

「ある本はその味を試み、ある本は呑み込み、少数のある本はよく嚙んで消化すべきである」

と言っていますが、このよく嚙んで消化すべき少数の本に巡り合うことが欠かせません。それには昔から読まれてきた古典は、まず間違いがありません。長い年数をかけて読み続けられてきただけに、嚙むだけの価値は十分にあると言えます。

しかし、別にそういった古典にばかり目を向ける必要もありません。何回も繰り返して読んで、その繰り返しがその人にとって長期間続けられているような本なら、それはその人自身の古典といってよく、十分に価値のある本であると言えるでしょう。そのような本に巡り合えることは、人生の大きな幸福でもあります。

15日 本を愛でる

自然科学系はいざ知らず、文科系の本は線を引いたり、メモしなければ、勉強がはかどらないと思います。したがって、人の本ではなく自分の本である必要があります。つまり、私有財産でなければダメなのです。図書館に行って一カ所、二カ所ぐらいのことを確認するのならばいいけれども、少なくとも愛読したり、自分の専門のものをやる場合は自分の脇において撫でていないといけないでしょう。

16日 古典の読み方

古典というものはおおむね、その古典について書かれたものよりもやさしいものであるということは千古の事実です。たとえば『論語』の注釈書などを読み始めたらきりがなくなってきます。けれども、『論語』はごく基本的な語句の解釈だけで十分です。そのほうが、どのぐらい時間と精力の節約になるかわからない。バイブルについても、膨大な神学書を読むよりは福音書、さらに福音書の中のキリストの言葉だけを読むのが一番大切です。

17日 学問を楽しむ

楽しんで勉強したかどうかは定年退職するとよくわかる。私の観察によると、定年退職後もなお継続して学び続ける人は、学問を楽しむ境地に達した人だ。学問を好むまでの人は、定年と同時に勉強はやめて、他の趣味に変わるものだ。

18日 恩書

「恩人」という言葉があるが、私は「恩書」という言葉があってもよいと思う。われわれは「人」から恩を受けると同様に「書物」から恩を受けることもあるからだ。私に人生を考える目を開いてくれた書物は、その著者とは一面識もなくても、その著者は私には恩人であり、その著書は「恩書」である。

19日 戦うことは尊い

聖職者たちがキリストの教えの下に心身ともに預け、あらゆる迫害に対して無抵抗であるのは尊いことですし、またその精神は生かされるべきだと思います。けれども、現実の場において、それはあくまでも理想であって、自分たちとは違う宗教を信じ、自分たちを圧迫するような人間がやって来たとき、躊躇することなく、彼らと戦わなければならないということをキリスト教圏の歴史は教えていると言えるでしょう。

「戦うことは尊い」という考え方は、普遍的な真理です。キリスト教圏に限らず、多くの文化圏において、もっとも高貴な人は武人の中に見出されると言ってもいい。そして、かつての日本は、まさに伝統的に武に尊さを見出していた国だったのです。

20日 戦う精神

大きくは国家のレベルにおいて、小さくは個人のレベルにおいて、人は「戦う精神」を持っていなければならないし、また「戦うことの尊さ」を理解していなければいけないのです。そこに独立というものが成り立つのであり、また真の平和を維持できる基礎がある。

21日 歴史と時事問題

歴史は過去の話である。しかし時事問題になることもある。特にこの前の大戦の話は、すっかり歴史になった国もあるらしいが、日本ではまだポツポツと火の出ている時事問題である。

22日 上位は常に空席である

日露戦争のときに総理大臣を務めた桂太郎は晩年、どうしてそれだけの成功をしたかと聞かれたときに、こう答えている。

「別にどうということはないが、自分は少尉のときは中尉の仕事をよく観察し覚え込んでいた。中尉になるとその仕事はすぐできたから、今度は大尉の仕事を勉強していた。大尉になったら今度は少佐をというように、いつでも一歩先を見ていた。だから、任命されたくらいの仕事は、いつでも迅速にそつなくこなすことができた。これが私が組織の中で伸びた道であろう」と。

その桂の結論は「上位は常に空席である」ということだった。つまり上の位は詰まっているようでも、見方によっては空席同然だから、自分の努力次第ではその席を埋めるのは簡単だ、という意味である。

23日 志を励ます言葉

学問で身を立てる人でも、あるいはスポーツ選手でもそうだと思うが、いくら才能があってもそれだけではダメで、人並み外れた努力をすることによって才能が大きく開いていくものだ。スポーツ選手の場合は、優れた人であればあるほど「記録を残さないままに止めてしまうのか」と自分に問いかけながらトレーニングを積んでいるに違いない。それは「汝、草木と同じく朽ちんと欲するか」という気持ちである。

志を立てるとは、ただこうしようと思うことではない。しようと思うと同時に、実行することが重要なのである。

24日 寝食を忘れる

「寝食を忘れる」という言葉がある。大きな事をなしとげるにはそのくらいの覚悟がなくてはならないということだ。

終了時間ばかり気にしている人には大きな仕事はなしえない。これは確かに「若い人たちの一番覚えておくべき」ことに違いない。

25日 友人の条件

六十歳前後の年齢を経てから持ちたくない友人の一つ目は「基本的な考え方（その人が長年培ってきた、基本的な思想・信条）」の違う人。二つ目は「収入（支払能力）」の違う人。三つ目は「教養の差」の大きい人である。

26日 友にするなら

とにかく、友にするのなら、知識が豊富で、正直で、嘘をつかない人間であること――これは永遠の真理といってもいいだろう。

27日　堅気の精神

儲けることとちょろまかすことは、どちらも金を手に入れることだが、根本的にちがう。商売をしたことがない人には実感としてわからないことであろうが、商売を長続きさせるにはごまかしは厳禁である。

そもそも〝堅気〟という言葉は、武士に使うのでもなければ、百姓に使う言葉でもない。〝ごまかさない町人〟にだけ使う言葉である。薄利を積み重ね、手堅くやっていくのが堅気の精神である。

28日　目的追求の喜び

たとえ不幸な状態にあったとしても、目的を追求していく、追求できることに幸福を感じる。そういう人が成功する。

29日 人生の戦略

人生の終わりに差し掛かって、己の人生を振り返ってみる。自分は何をやっていたんだろう、と思う人が多いはずです。毎日毎日遊んでいたわけじゃない。結構忙しく働いていたし、そのときそのときで意気に燃えたこともあった。やり甲斐も覚えたし、充実感も感じた。それでも長い目で自分を振り返ってみると、自分は何をやっていたのか、という思いを禁じ得ない。こういう人は戦略がなかったと思っていい。戦術だけがあって戦略がなかった。それを戦略があると錯覚していた。そういうことでしょう。

30日 決断の時機を得る

人生には、ひょんなきっかけから気持ちを切り換えて、うまくいくことがある。時をとらえて決断できるかどうか、成功はこの一点にかかっているといってもいいのかもしれない。

31日 逆境

逆境というのは、そのときはひどいように思えるけれど、あとになってみると悪いものではない。

必要な資料は身近に備えるのが知的生活の第一歩

11月

歴史を紐解き、時流を読む

1日 磁場

いいことを考え、よいことが起こると期待している心には、よいことを引きつける一種の磁場（マグネティック・フィールド）が働きます。よいことを期待している気分でいると潜在意識は、終局的によいことに連なるチャンスだけを摑まえるようにあなたを導いてくれるのです。豊臣秀吉やロックフェラーのような大成功者から、われわれの周囲によくある中成功者、小成功者にいたるまで、そういう人の周囲には、必ず人生の明るい面により敏感だという要素があります。

2日 運・根・鈍

運がくるように惜福、分福、植福といった工夫を心がける。一時的に心がけても運はついてこない。常に粘り強く心がけていかなければならない。根です。すると、鈍とはどういうことか、どうしなければならないかが見えてくる。それがまた運を招き寄せる。運・根・鈍はそういうめぐりの中にあるものなのでしょう。

3日 潜在意識の活用

「寝つくまでのあいだ、たとえ昼間どんな場合があろうとも、それは寝床の中に持ち込まないこと。寝床の中はあたうかぎり積極的な状態で心を堅持しなければ駄目ですよ。理想からいったらば、寝がけは何も考えないほうがいいいんです」（中村天風）

意識には「実在」と「潜在」の二つがあって、実在意識の特長は判断力を初めとする「理知」の働きである一方、潜在意識は、いい夢、いい希望、望ましいことを実現させる「力」を持っている。それらを思い描いて潜在意識に送り込むと、潜在意識は知らないうちにそれを実現させるように働いてくれる。

4日 幸運のセンサー

幸運を感じるセンサーは磨くことができるのです。

例えば、うまくいった時に「ああ、幸運だな」と思い、失敗した時に「俺ちょっとまずいことをやったな」と思える人というのは、失敗した時に「運が悪い」と思い、うまくいった時に「俺の力だ」と思う人よりも人間が大きい。

そういう幸運の感じ方をつかめれば、やがて運のいい方へ運のいい方へと、敏感に感じていけるようになります。

5日 渾然一体

講談社の野間清治は三つの大きな社是を掲げた。それは渾然一体《こんぜんいったい》、誠実勤勉、縦横考慮の三つである。

「渾然一体」というのは「小の虫を殺して大の虫を助ける」、つまり「怒りを抑えて大きなことのために仕えることが大切である」という意味だ。怒ったり腹を立てたりすることはあってもいいが、私憤というのは三十歳くらいでやめて、他の人とよく折り合いをつけていかなければいけないし、また、人にいいことがあったら自分のことのように喜ばなければいけない。

6日 誠実勤勉

二つ目の「誠実勤勉」だが、これは「誠実だけでもいい」と野間はいう。誠実であれば必然的に勤勉になるからである。さらにいえば、誠実の実も要らない。「誠があれば十分だ」ともいっている。一事が万事で、誠があれば結局、勤勉誠実になるというのである。

7日 縦横考慮

三つ目の「縦横考慮」とは「頭を徹底的に使って、縦にも横にも考えるという意味である」という。考えて考えて考え抜く。考え抜いてわからなかったら、人に聞いてみる。それによって賢明なる行いができるようになるのだから、何も恥じることはない。

人生においては本当に縦横考慮することがあっていい。ああでもない、こうでもないと、右から左から縦から横から絶えず考えていると、何かのときに必ずプラスに働くものである。それが信念となるまで考え抜くことが重要なのである。そうやってひとたび成功すると、あとは自然と成功癖がついてくる。

8日 成功の秘訣は習慣にあり

何かの道において秀でた人は、それぞれの職業に適した習慣を持っているはずです。そうでなければ成功するわけがありません。その習慣が何であるか、子どものためにはどういう習慣が重要かというようなことを考えて、その習慣をつけてくれるような学校をみんなでつくらなければいけないと思います。そういう風潮になればいいと思うのです。

9日 仕事一筋

年季が入った職人さんの顔が美しく見えるのは、やはり、自分の仕事一筋に、淡々と何十年も打ち込んできたからだろう。地位や名誉などは考えず、ただひたすら一つのことに邁進していると、悟りのようなものが顔に表われて、自然といい顔になってくるのではないだろうか。一つの仕事、職業を続けることの、このようなすばらしい面も知っておくべきであろう。

10日 仕事の喜び

ある事に一所懸命になって自分を沈潜させてみたり、あるいは身も心もくたくたになるくらいに全力投球してみた途端に、面白さが出てくるもの、それが仕事である。本当の仕事と言えるようなものを持ったことのない人は、このような面白さ、何とも表現しかねるような喜びは味わったことがないはずだ。彼らは何かをやってはすぐに飽きて面白くなくなり、また次のことをやり、また飽きて次へということを繰り返す――これでは仕事をしているとは言えない。

11日 淘宮術

「朝起きて『有り難う』といい、人に会って挨拶するとき『有り難う』といい、仕事が済んだときに『有り難う』といい、夜寝るときに『有り難う』というのは、すなわち淘宮術《とうきゅう》の教訓である」（野間清治）

淘宮術とは耳慣れない言葉である。これは、生まれ持った癖を直していくことによって幸福をつかむという考え方のことをいう。つまり、自分を変えていくために一番重要なことは感謝の気持ちを持つことであり、「有り難う」ということであるといっているのである。

12日 感謝と成功

感謝の気持ちを持つことによって自分自身が変わり、自分自身が変わることによって周囲の見方が変わり、そこによい流れができる。その流れに素直な気持ちで乗っていけば、それが成功への道となっていく。

13日 修養①

新渡戸先生は、「修養」の意味をこう説いています。修養の「修」は、修身すなわち身を修めること。身を修めるとは欲望や散漫な心を抑え、自分に勝つことである。また、修養の「養」とは、養う意味で、心を豊かにしていくことである。

14日 修養②

「修養」は、やってもやらなくても、普段はあまりわからない。いいご馳走を食べさせた羊と、普通の餌を与えた羊とでは、見た目に変わりはない。ところがいざ肉にしてみる、毛を刈ってみると、その差は歴然としてくる。いいご馳走を食べた羊の肉は美味しい、毛の質もいい。人間も同じ。その人の価値は、ちょっと見ではわからない。いざという時を見なければわからない。

15日 回り道

いろいろな出来事に遭遇し、ときに道草を食ったり回り道をすることもある。しかし、それは決して無駄な時間ばかりではありません。むしろ、そうした無駄と見える時間が人生を豊かなものにすることがしばしばあるのです。

16日 雑務を有意義に

雑務の中にも、全く意味のないものもあれば、有意義なものもあるわけで、その区別はそれを行う本人が人生に何を求めているのかにかかっているといえるように思います。雑務と見えるものを有意義なものにしていく生き方というのも、現実にはありうるのではないでしょうか。あるいは、そこにこそ人生を成功に導く秘訣があるのかもしれません。

17日 やってみる①

自分がどんな人間であるかは、他人にはわからない。それどころか、自分自身でも、実際にやってみなければ何ができるかわからない。自分の可能性を知るためには、ひたすら実行あるのみ。人生はこれに尽きるといっていいであろう。

18日 やってみる②

私は人から「どういう選択をしたらいいと思いますか?」とアドバイスを求められることがときどきある。しかし、相談されても正しい答えがなんなのか、私にはわからない。だから、「よく考えて、断固、自分の信ずる道に行くよりしかたがないでしょう」と答えている。結果として、その選択がうまくいくかどうかは本人次第なのである。

19日 視・観・察

人を判断するときには「視・観・察」の三つの基準で見ることが大切である。

まず「視」、どういう行為を行っているかを視る。

次に「観」、どうしてそういう行いをするのか、過去にはどういうことをしていたか、その理由・動機を観察する。

また「察」、その人が何に安心し、満足するかを調査し、察する。

ここまで見れば人柄は隠せない。

20日 蓄積と自由

世の中を見るときは、色眼鏡をはずし、肩から力を抜いて見るのがいちばんいい。自分の中に蓄積がある人ほど、何をするにも力が入らないものです。

普通の人が綱渡りや鉄棒をやったら、ドタドタして見ていられませんが、軽業師はそれを軽々とやる。それは力が充実しているからです。自分の中に力が充実すればするほど、人間は軽やかに自由になるものです。

21日

常識を疑え

世の中には、いつの時代にも「常識」というものがある。しかし、その「常識」はいつも同じとは限らない。戦前の「常識」には現在では「非常識」といわれるものも多いし、戦争中の「常識」の大部分は今日では「狂気」に属するとさえいえるだろう。

このことは、いかに多くの人々が信じ、いかに繰り返し唱えられている「常識」でも、必ずしも正しいと限らないことを示している。それだけに、どんな「常識」でも、一度は疑ってみる必要があるだろう。

その時々の「常識」だけを信じていたのでは、世の中の変化を感じることができないばかりか、社会経済が変わった時には、古い常識のままに取り残される危険があるからだ。

22日　中をよくする

私の結婚式のとき、恩師のいってくれたこと。

「あなた方はケンカすることもあるかもしれないが、そんな時、相手が悪いと思ってはいけない。お互いに立派な人なのである。ただ中が悪いのだ。自分でもない、相手でもない、丁度二人の真中へんが悪いのだと思いなさい。中が悪いのだからその中をよくしなさい。仲よくしなさい」

23日　不平不満

他人の眼には幸福そうに見えるのに、当の本人が自分自身の人生に納得いかず、不満を述べたり、嘆いたり、という例はいくらでもあると、古代ローマの賢人セネカはいっている。

これは今もなお、よく見聞きすることではないだろうか。自分にはもっと能力があるはずだが、それを生かす機会がないとか、自分を取り立ててくれる人がないと文句をいう。けれども、大抵の人は文句をいうところで止まってしまって、状況を変えるために自らが何か行動をするわけでもない。これではやはり、人生は開けないだろう。

24日 読書が人を強くする

絶えず本を読むことです。人生について書かれたものや、成功譚というのは、やはりその人の長い人生での経験がつまっているものですから、それらに接している人はやはり他の人とは違ってくる。それは、立身出世主義だとかあるいはお説教じみているとか、道徳臭いとか何とか、悪口をいう人はいっぱいいる。だけど、心掛けて、そういったものを読み続けた人というのは、やはり何かの時には強いと思います。

25日 読書は最高の平等論者

読書は、最高の平等論者ということができます。慶應義塾を創設した福澤諭吉は、『学問のすゝめ』の中で「天は人の上に人をつくらず、人の下に人をつくらず」と言ったあと、「しかし差はある。それは学問があるかないかだ」ということを述べています。その差を埋めるものが本であり、どんなに貧乏な家に生まれ、僻地で育とうと、読書の質が変わらなければ、一向に引け目を感じることはない、ということを実感しました。

26日 適応能力を刺激する

私は最近、九十歳を越えていまなお活躍しているある人が書いたものを読んで、大変感銘を受けた。

ご老人は功成り名遂げた人だから、多分日常は快適な環境の中で暮らしておられるのだろう。だが、ご老人は毎朝冷水を浴びることを一日も欠かしたことがないという。朝起きて、大気と十度以上も差のある冷水を浴びる。毛穴がすぼまり、血管が引き締まる。その刺激がその人の生物体としての適応能力をよみがえらせる。

快適な毎日にあって、一時でも厳しい環境の中に身を置くことで、生物体としての適応能力を刺激する地道な営みが、ご老人が九十歳を越えてもなお元気に活躍している一つの要因になっているのだろう。

27日 貯蓄の教訓

三菱の初代岩崎弥太郎が、まだそれほど大金持ちになっていなかったころの話である。店員の一人が数千円という、当時では大金を持ち逃げしてしまった。支配人がおそるおそるそれを報告すると、

「罪を憎んで人を憎まずじゃ。表沙汰にしないようにして本人の行方を捜せ」

と命じた。そして支配人がホッとして退こうとするのを呼び止めて、こうつけ加えた。

「君、樽の上からすくって飲むやつは、たとえ一升飲まれても、三升飲まれても大したことはない。怖いのは樽の底から一滴でも漏ることだ。そいつをよく注意してください」

これは貯蓄についての凄い教訓である。

「大きく使われたとしても、それは怖くない。怖いのは日常の締まりのない家計なのだ」と岩崎弥太郎はいっているのである。

まさしくその通りである。だから私は、締まりのない女房を持った男に同情するし、締まりのない亭主を持った奥さんにも大いに同情する。

28日 汲み出す一升より漏る一滴

人は大体、自分が貯めたお金に比例して利口になるものである。ところが、底が割れていると、たまに大きく儲けても、気がついてみると大して貯まっていないということになる。

大金を持ち逃げされた。そんなものは大したことではない。肝心なのは底をしっかりすることである。「汲《く》み出す一升より漏る一滴」というのは千古の名言である。

29日 細かいことを大切に

大きなことは誰も忽《ゆるが》せにしないが、細かいことはどうかすると忽せにしやすいものである。これは気をつけなくてはいけない。手紙一つ、葉書一枚書くときも、隅々にまで気をつけなくてはいけない、と渋沢栄一は言っている。

これは私の世界でも言えることである。名もない雑誌から原稿を頼まれることがある。だからといって手を抜くと、必ず悪いことが起こるのである。だから、いったん引き受けたならば、名もない雑誌やパンフレットの原稿であっても、全力を傾けて仕上げなければならない。

30日 二代目

親の偉大さを継いで二代目となる時、今までの路線に安住して手堅くやり、無理に頭角を現わさずにいられるのは、心理的に非常に安定度の高い人と考えてよい。

12月

書斎にて

1日 長い人生での競い方

人生には待たなければならないことが多いが、その待つ間に腐らないで自らを強めることができれば、最後にはすばらしい機会が生じてくる。それが長い人生での競い方だと思う。

2日 不満が目標になる

不平不満がなかったら人間は進歩しないんだということを知っておかなければいけない。確かに、マイナスに作用する不平不満はある。ブツクサいうだけの不満ならば、何の意味もない。けれども、不満を感じているところを鋭く察知して、それを克服しようとする人、不満を解消しようと色んな方策をたてる人にとっては、その不満こそが自分を前進させる目標になることを知る必要があると思う。

3日　克つべき己を知る

克己というものは修養における最も重要な眼目の一つである。その意味するところは「己を抑える」「己に克つ」ということである。

ここで重要なのは、その克つべき己とは何かということである。それを間違えてしまうと、なんでもかんでも抑えなければということで神経過敏になり、かえって人間を委縮させることにもなりかねない。

4日　修養の種子

毎日己に克ち、己以上のことを身につけることを重ねていくと、その効果がいざというときに表れるのである。天性剛邁《ごうまい》な人であれば、平生の修養がなくても事に臨んで泰然自若としておれるかもしれないが、凡人はそうはいかない。だから凡人は小さなことを小さなこととして軽蔑せずに、それを修養の種子としていかなければならない。

5日 向き不向きを知る

人は、自分が何に向かないかを確実に知ったら立派なものだ。自分はあれをやってもできるのではないか、これをやってもできるのではないかと思っているうちに、本当の力を集中すべきものがわからなくなったりする。あらかじめ、あれだけはやりたくないという、いわば〝負〟の分野が決まれば、努力目標がそれだけ明確になる。

自分の向き不向きを知ることは、人生を成功に導く非常に重要な悟りとなる。

6日 「なれない」という悟り

子供のころ、「自分は政治家にはなれないな」と思ったことを覚えている。だが、なれないから駄目だとは思わなかった。政治家になれなければ、じゃあ何にならなれるのか。そういうふうに考えることで、本気の志というものが固まっていったのである。そういう意味で、「なれない」と悟ることも大切なことである。

7日 手応えと年季①

単調な仕事でも、どんなに小さな仕事でも、それが本当に仕事といえるようになるまでには、やはり四、五年はかかるものなのだ。それぐらいの年季を積まないと一人前にはなれないということだ。だから、一年もたたずに嫌になったらホイと辞めてしまうことをくり返しているようでは、仕事は身につかない。

四、五年同じ仕事をやっていれば、必ず何らかの壁や障害に突き当たる。その岩盤を何とか乗り切ったりしているうちに、仕事の奥が何となくほの見えてきたりするものなのだ。それが〝手応え〟だ。

8日 手応えと年季②

仕事を媒介として、障害や壁を切り開く武器を手に入れるチャンスが訪れているというのに、自分からそれを放棄することほどもったいないことはない。〝年季〟とは、これらの障害に立ち向かって身についた、壁を乗り切る力のことをこそいうのだろう。

逆にいえば、何の障害もないような仕事ほどつまらないものはない。スラスラこなせるような仕事は、すぐにつまらなくなる。つまらなくなった時点で、それはもう仕事ではない、と考えたほうがいい。自分を高めることができなくなっているからだ。

9日 駝鳥と鷲 ①

『知的生活』の著者P・G・ハマトンは、人間の知力には二種類あるのではないか、という。それは駝鳥みたいな知力と、鷲みたいな知力だというのである。駝鳥というのは、たくましく地面を蹴ってダダダダダとひたすら走っていくが、その前方に何があるかまで考えていない。一方、鷲は翼を一つも動かさずにさーっと空中を飛びながら遠くまで全体を俯瞰《ふかん》している。

ハマトンは、この鷲のような感じの知力を「インテレクト（intelect）」といい、駝鳥のような感じの知力を「インテリジェンス（intelligence）」と呼んでいる。

これを読んだときに私は、ああ、そうか、と思った。つまり、インテリジェンスというのはIQ（Intelligence Quotient）で測れるような頭のよさ、試験で測れるような頭のよさなのである。一方、インテレクトというのは修道院で瞑想して得る悟りのようなもので、測れない頭の働きである。要するにハマトンは、頭のよさには測れるものと測れないものがあるといっているのだ。

10日 駝鳥と鷲②

世の中に生じる疑問には、回答があるものと回答がないものがある。回答がないものは、いくら調べたところでわからない。直感的に判断するより仕方がないのである。調べていくやり方はいわば駝鳥の行き方である。しかしそれでは突如、目の前に断崖が現れて落ちることもありうる。鷲の行き方は上空から一気に目的地にたどり着くものだから、経緯はともあれ結果的にうまくいく。

そういう駝鳥と鷲という視点から、「この人の頭の働きはどちらだろう」と見ていると、わりとうまく理解できることがある。

11日 授かる

聖トーマス・アクイナスらが言うように、「最もよき認識は授けられる」という態度は大切なのです。実際、「よきものは獲得するのではなく、授かるのだ」という落ち着いた人生観で生活している人は、周囲にも幸せを与えているようです。そして、そういった生き方をしている人は、自ずと感謝する姿勢がごく自然に見受けられます。人生に対する感謝、周囲に対する感謝は、人間として欠くべからざるものですが、そこにはやはり、「授かる」という観点がなければ生まれてこないと思います。

12日

あるがままの自分

「羨望は無知であり、模倣は自殺である。よかれあしかれ自分自身をおのれの天命だと思わねばならない。広い宇宙にたとえ福が満ちているとしても、わが身に与えられたつとめとして耕さねばならない狭い土地で、みずから苦労して働かなければならない。さもないと、おのれを養ってくれる穀物はただのひと粒たりとも手にはいらないのだ」（エマソン）

うまくいっている人を羨んだり、そのまねをしてもしかたない。それよりも、自分自身の身に起こることが自分に与えられた天命だと思い、どんな苦労をしても、その場で踏ん張っていく。それが自分を幸せにする唯一の方法なのだと教える言葉です。

13日 良い習慣

教育の目標は、良い心がけを持つ人間を育成するということですが、良い心がけを持つ人間をつくるのには、絶えずよく考えて善か悪かを選択しているということだけでは不十分で、そうする習慣をつくりあげたうえに、さらに、あることが起こった時にあまり考えなくても良いことができるような習慣ができあがっていることが必要なのです。

14日 筆まめになる

今は葉書一枚書くのも億劫《おっくう》な時代である。誰もが簡単に電話やメールで済まそうとする。そういう時代であればこそ、手紙を書く習慣はますます意味あるものになると思う。世の中の親は、子供に筆まめになることを教える必要があるのではないだろうか。

15日 習慣のプラスマイナス

われわれのように相当な歳になっても習慣はつく。いわんや若いうちからいい習慣をつけたら、どれほどプラスになるか。習慣にしてしまえば、すべてが楽になります。たとえば、仕事をする習慣がつけば、仕事をすることが苦労ではない。

ただ、習慣というのはプラスとマイナスがありますので、悪い習慣のほうは避けないといけません。たとえば、テレビのバカげた番組を見るというのも、「悪い習慣」だと思わなければいけない。無意味な時間をつぶすことが癖になるからです。

一回やると、同種のことは次にやりやすくなる。そのうちに固まってしまって、そこから出られなくなる。その出られなくなったところが「いいところ」なのか「悪いところ」なのかの差は大きいと、肝に銘じておく必要があるでしょう。

16日 美徳も習慣

どんな人間の美徳でも、それが習慣にならないかぎりはあまり当てにならない。一回一回よいことをするたびにものすごい努力をしているようでは、いつやめるかわからないわけです。

17日 仕事を趣味に

いかなる仕事をするときも趣味を持たなくてはいけない、と渋沢栄一はいう。この趣味とは、仕事の他に何か楽しみを持つという意味ではない。心の底から自分の仕事を好きになり、「この仕事はこうしてみたい」「こうすればこうなるだろう」というように、理想や欲望を加えていくことをいっている。つまり、仕事でも勉強でも楽しむ境地にまで達すれば本物で、これが趣味の極致なのだ。仕事であれば、それを楽しむ境地に至れば、一流の経営者となり得るだろう。

18日 育ちのいい人の欠点

育ちのいい人間は、しばしば義理の観念が希薄なのである。そこが育ちのよさなのかもしれないが、こういう人はほかの人が困っても気にしない、というよりも気にならないのである。だから、育ちのいい人を信用してついていくとひどい目に遭う、ということがしばしば起こる。

19日 人間の器

男というものは人を容れてやる包容力がなければならない。

20日 時間を守る工夫①

　昔の大学の先生というのは、学生が家に遊びに来ても断らないのがルールでした。だから特別になんらかの工夫をしないと、勉強時間を確保できなかったのです。たとえば夏目漱石は面会日を木曜日と決めていました。和辻哲郎も午前中は絶対に電話に出ないし、人にも会わないと決めていたようです。

　これらの人たちは、いずれも時間を守ることに対して普通の人が財産を守るような守り方をしました。それによって学術的な成果が残ったというべきでしょう。

21日 時間を守る工夫②

　私が感心したのはオックスフォード大学の習慣です。カレッジにいる先生方が必ず出てこなければならない時間を決めているのです。それは朝の十時のお茶の時間と夕飯の時間です。そのときは、勉強の最中でもそれをやめて出てこなくてはならない。そして、その時間を利用して打ち合わせをしたり、連絡事項の確認をしたりするのです。そのかわり、あとの時間は部屋にこもりっきりで勉強をしていても構わないというわけです。これも自分の時間を守るための工夫といえるでしょう。

22日 敬意敬礼

「敬意敬礼」は渋沢栄一が日常、人と接する時に忘れてはならないと説いていた持論である。これは簡単なようだが、なかなか面倒なものであって、表面だけで取り繕おうとすると、かえって慇懃無礼になってしまうこともある。したがって、形に表す具体的なものより、心の底に敬意を持つことが重要なのである。心の中に敬意があれば、たとえ互いの名前を呼び捨てにしたとしても、敬意は伝わっていくものだ。

23日 親しき仲にも礼儀あり

夫が出掛けるときに、「いってらっしゃい」と言うのも礼儀の一つだ。お客が帰るとき、「またいらしてください」と言って玄関まで送り出さない妻はいないだろう。ところが自分の夫となると、やらなかったりする。

礼儀が必要なのは、子どもに対しても同様である。子どもに「あれを持ってきてくれ」と頼んだら、持ってきたときにひと言、「ありがとう」と言う。この言葉を省略すべきでない。やはり「親しき仲にも礼儀あり」なのである。

24日　小さな恍惚感

天皇陛下が子供の頃の英語の教師であったヴァイニング夫人は、少女の頃、夕暮れの空を飛んでいく鷺か何かを見た時、一瞬、その美しさに我を忘れるような体験をしたと書いています。それで夫人はその後の生活においても、小さなことにうっとりとする体験をすることに努めたと言います。大きな喜びで夢中になれるようなことは、人生において少ないかもしれない、しかし、人生のあちらこちらで、小さい恍惚感を味わうことができると彼女は言うのです。

芭蕉に「山路来て　何やらゆかし　すみれ草」という句があります。すみれ草は日頃は目にも留めない草ですが、それに見とれてしまう。この時の芭蕉も同じく小さな恍惚の状態と言えるのです。

こういう小恍惚がしばしば起こる時が、ほんとうの自己が伸びている時なのです。

25日 幸せの灯台

「運命は人を愚弄《ぐろう》する」といったのはヴォルテールだが、個人の力ではいかんともしがたいような大きな波にもてあそばれてしまう、というのが普通の人の人生なのではないだろうか。多くの人はこの波に抗し切れずに、波に身を任せてしまう。そのほうがずっと楽に生きていけそうだからだ。

けれども、実際は、次の大波が来たら、またまたとんでもないところに流されてしまったりする。人はこうして、あっちへこっちへと行っているうちに、いつの間にか年を取ってしまう。そして気がついた時には、自分の幸せをどこかへ置き忘れてしまったように思うものなのだ。

これに対して、強い意志で幸せを求め続けている人は、どんな波に流されていようとも、また、どんなに目的から外れているように思えても、自分の求める幸せの灯台を失ってはいない。あるいはまた、道なき道へと踏み誤っても、自分の思い描く幸せへの印やマークをどこかに残しているものなのだ。この〝マーキング〟があるがために、決して目標を見失ったりはしないのである。

26日 心は枯れない

体は枯れても心は枯れない。これは老人にとって一つの励みになる言葉である。どんな人でも、年を取れば肉体の衰えは感じるものだ。しかし精神は衰えない。これは本当である。

私は英語が本職だが、英語を読むスピードや、英語で書かれた難解な本を理解する力は若いころより遥かに勝っている。これはセネカがいっているように、肉体の衰えは避けがたいが精神のほうは変わらないことの一つの証明となるであろう。さらにいえば、精神は年を重ねるにつれてむしろ向上しうるといっていいように思う。

27日 生きがいある生活

男も女も、生きがいある生活のためには、もう少し肩をいからすことをやめて、よきものを受け容れることを学ぶ必要があるようだ。通勤電車の窓から夕日が美しかったら、その美を受け容れよう。健康だったらその喜びを受け容れよう。病床になったら、皆が忙しくかけまわっているときに、静寂のときを持てることを鋭い感謝の念をもって受け容れよう。

28日　中庸の精神

豊かであれば豊かなように、貧しければ貧しいように、敵に対しては敵に対するように、苦しい時には苦しいように、その時に応じた振る舞いができるように心掛けること、この中庸の精神が大切である。

29日　もっと高いところを

私は実に多くの海外滞在を、人々がまだあまり行かない頃から何度も経験してきた。欧米諸国の良さも身にしみて感じた。同時に日本の良さもよく見えたと思っている。

その私が今、痛切に感じているのは、はるか雲の上にあって、現代日本人も気づかなくなった茜さす富士の雄姿である。そこにこそ、私たちが忘れてはならない民族の夢と誇りがあり、いま今私たちは、日本民族としての気位を高くして見上げる目を持ちたいのである。「ああ、あなたがたは目のつけどころが低い。もっと上を見なさい。もっと高いところを」と。

30日　偉大な国のつくり方

「ローマの人たちは、ローマが偉大だったからローマを愛したのではない。ローマ人が愛したから、ローマが偉大になったのだ」

ここでは二つのプロセスが前提にされています。一つは偉大だから好きになるプロセス、もう一つは好きだから立派にするというプロセスです。そして、一つの国が偉大になるためには、その国を愛する人々がいて、かつまた、その人々が偉大にしようと努力することが必要だとチェスタトンは言うのです。

31日　愛と誇りの日本史

私は、まず自分の先祖を愛する立場、先祖に誇りを持つ立場から日本史を見てみたい。愛と誇りのないところに、どうして自分の主体性を洞察できるだろうか。

○本書の編集にあたって、新たに改行・句読点の追加、言葉の一部省略・修正を施した箇所があります。

［参考図書］　※順不同

〈渡部昇一氏の著作〉
『「思い」を実現させる確実な方法』（ＰＨＰ研究所）
『いじめと妬み』（ＰＨＰ研究所）
『国を想う智恵・我を想う智恵』（ＰＨＰ研究所）
『指導力の研究』（ＰＨＰ研究所）
『人生行路は人間学』（ＰＨＰ研究所）
『人生に生かす孟子の論法』（ＰＨＰ研究所）
『人生の出発点は低いほどいい』（ＰＨＰ研究所）
『人生は論語に窮まる』（ＰＨＰ研究所）
『人生を楽しむコツ』（ＰＨＰ研究所）
『正義の時代』（ＰＨＰ研究所）
『知的生活・楽しみのヒント』（ＰＨＰ研究所）
『日本人の気概』（ＰＨＰ研究所）
『発想法』（ＰＨＰ研究所）
『腐敗の時代』（ＰＨＰ研究所）
『文科の時代』（ＰＨＰ研究所）
『わたしの人生観・歴史観』（ＰＨＰ研究所）
『渡部昇一の人生観・歴史観を高める事典』（ＰＨＰ研究所）

『後悔しない人生』(PHP研究所)
『勝つ生き方、負ける生き方』(エス・エス・アイ)
『絶対「ボケない脳」を作る7つの実験』(フォレスト出版)
『日本人の品格』(KKベストセラーズ)
『生きがい』(ワック)
『渡部昇一の「日本語のこころ」』(ワック)
『考える技術 一瞬で脳力がアップする!』(海竜社)
『これで日本の教育は救われる』(海竜社)
『渡部昇一の思考の方法』(海竜社)
『父の哲学』(幻冬舎)
『「人間らしさ」の構造』(講談社)
『知的生活の方法』(講談社)
『自分の壁を破る人、破れない人』(三笠書房)
『自分の品格』(三笠書房)
『すごく「頭のいい人」の生活術』(三笠書房)
『なぜか「幸運」がついてまわる人10のルール』(三笠書房)
『マーフィー100の成功法則』(三笠書房)
『ものを考える人』(三笠書房)
『歴史の読み方』(祥伝社)
『知的余生の方法』(新潮新書)
『自分を言えない人の自己主張の本』(青春出版社)

参考図書

『自分を生かす』(青春出版社)
『報われる努力 駄目になる努力』(青春出版社)
『危ない時代にチャンスがある』(青春出版社)
『渡部昇一の「国益原論」入門』(徳間書店)
『渡部昇一の新憂国論』(徳間書店)
『「仕事の達人」の哲学』(致知出版社)
『「修養」のすすめ』(致知出版社)
『「南洲翁遺訓」を読む』(致知出版社)
『生き方の流儀』(致知出版社)
『伊藤仁斎「童子問」に学ぶ』(致知出版社)
『運命を高めて生きる』(致知出版社)
『エマソン 運命を味方にする人生論』(致知出版社)
『競争の原理』(致知出版社)
『賢人は人生を教えてくれる』(致知出版社)
『幸田露伴に学ぶ自己修養法』(致知出版社)
『財運はこうして摑め』(致知出版社)
『子々孫々に語りつぎたい日本の歴史2』(致知出版社)
『渋沢栄一 男の器量を磨く生き方』(致知出版社)
『渋沢栄一 人生百訓』(致知出版社)
『渋沢栄一「論語と算盤」が教える人生繁栄の道』(致知出版社)
『自立国家への道』(致知出版社)

『人生を創る言葉』（致知出版社）
『先知先哲に学ぶ人間学』（致知出版社）
『組織を生かす幹部の器量』（致知出版社）
『できる人になる生き方の習慣』（致知出版社）
『読書有訓』（致知出版社）
『中村天風に学ぶ成功哲学』（致知出版社）
『人間における運の研究』（致知出版社）
『パスカル「瞑想録」に学ぶ生き方の研究』（致知出版社）
『ヒルティに学ぶ心術』（致知出版社）
『松下幸之助　成功の秘伝75』（致知出版社）
『歴史に学ぶリーダーシップ』（致知出版社）
『歴史は人を育てる』（致知出版社）
『ローマの名言一日一言』（致知出版社）
『論語活学』（致知出版社）
『渋沢栄一「論語と算盤」が教える人生繁栄の道』（致知出版社）
『松下幸之助　成功の秘伝75』（致知出版社）

〈その他〉
『読書ノート心に残った言葉　渡部昇一編』（その１・その２）／福鹿実・編著（私家版）
月刊『致知』１９８１年７月号（致知出版社）
月刊『致知』２００５年４月号（致知出版社）

〈著者略歴〉
渡部昇一（わたなべ・しょういち）
昭和5年山形県生まれ。30年上智大学大学院西洋文化研究科修士課程修了。ドイツ・ミュンスター大学、イギリス・オックスフォード大学留学。Dr.phil., Dr.phil.h.c. 平成13年から上智大学名誉教授。著書は専門書の他に『国家の実力』『「修養」のすすめ』『松下幸之助　成功の秘伝75』『伊藤仁斎「童子問」に学ぶ』『日本の活力を取り戻す発想』、共著に『歴史の遺訓に学ぶ』（いずれも致知出版社）など多数。

渡部昇一　一日一言

平成二十八年四月二十五日第一刷発行

著　者　渡部　昇一
発行者　藤尾　秀昭
発行所　致知出版社
〒150-0001東京都渋谷区神宮前四の二十四の九
TEL（〇三）三七九六―二一一一
印刷　㈱ディグ　製本　難波製本
落丁・乱丁はお取替え致します。　（検印廃止）

ISBN978-4-8009-1110-0 C0095
ホームページ　http://www.chichi.co.jp
Eメール　books@chichi.co.jp